O selo DIALÓGICA da Editora InterSaberes faz referência às publicações que privilegiam uma linguagem na qual o autor dialoga com o leitor por meio de recursos textuais e visuais, o que torna o conteúdo muito mais dinâmico. São livros que criam um ambiente de interação com o leitor – seu universo cultural, social e de elaboração de conhecimentos –, possibilitando um real processo de interlocução para que a comunicação se efetive.

O sabor do saber científico: TCC no Serviço Social

Jussara Marques de Medeiros

Valdeslei Sviercoski

Conselho editorial
Dr. Ivo José Both (presidente)
Drª Elena Godoy
Dr. Neri dos Santos
Dr. Ulf Gregor Baranow

Editora-chefe
Lindsay Azambuja

Gerente editorial
Ariadne Nunes Wenger

Analista editorial
Ariel Martins

Preparação de originais
Arte e Texto Edição e Revisão de Textos

Edição de texto
MCD Edições
Viviane Fernanda Voltolini

Projeto gráfico
Laís Galvão

Capa
Laís Galvão (*design*)
G-Stock Studio/Shutterstock (imagem)

Diagramação
Estúdio Nótua

Equipe de *design*
Iná Trigo
Mayra Yoshizawa
Charles L. da Silva

Iconografia
Sandra Lopís da Silveira

Dados Internacionais de Catalogação na Publicação (CIP)
(Câmara Brasileira do Livro, SP, Brasil)

Medeiros, Jussara Marques de
  O sabor do saber científico: TCC no Serviço Social/Jussara Marques de Medeiros, Valdeslei Sviercoski. Curitiba: InterSaberes, 2020. (Serie Formação Profissional em Serviço Social)

  Bibliografia.
  ISBN 978-85-227-0216-9

  1. Assistência social 2. Pesquisa – Metodologia 3. Serviço social 4. Trabalhos científicos – Metodologia 5. Trabalho de Conclusão de Curso (TCC) I. Sviercoski, Valdeslei. II. Título. III. Série.

19-31179   CDD-361

Índices para catálogo sistemático:
1. Trabalho de conclusão de curso em serviço social: Pesquisa: Metodologia   361

Cibele Maria Dias – Bibliotecária – CRB-8/9427

1ª edição, 2020.
Foi feito o depósito legal.

Informamos que é de inteira responsabilidade dos autores a emissão de conceitos.

Nenhuma parte desta publicação poderá ser reproduzida por qualquer meio ou forma sem a prévia autorização da Editora InterSaberes.

A violação dos direitos autorais é crime estabelecido na Lei n. 9.610/1998 e punido pelo art. 184 do Código Penal.

Rua Clara Vendramin, 58 ▪ Mossunguê ▪ CEP 81200-170 ▪ Curitiba ▪ PR ▪ Brasil
Fone: (41) 2106-4170 ▪ www.intersaberes.com ▪ editora@editoraintersaberes.com.br

Sumário

Apresentação | 7
Como aproveitar ao máximo este livro | 10
Introdução | 15

1. **O sabor e o saber da pesquisa | 21**
    1.1 A pesquisa como processo do conhecimento humano | 23
    1.2 Ciência e senso comum | 26
    1.3 O contexto da pesquisa social | 29
    1.4 A construção do TCC e a pesquisa | 32
    1.5 A produção de texto e a relação de orientação | 36

2. **Fundamentos teóricos das Ciências Sociais | 45**
    2.1 Teóricos das Ciências Sociais | 47
    2.2 Métodos de pesquisa em Ciências Sociais | 57
    2.3 O positivismo | 59
    2.4 A fenomenologia | 63
    2.5 Marxismo | 66

3. **A pesquisa e a linguagem no Serviço Social | 77**
    3.1 Linguagem e formação de conteúdo | 79
    3.2 A leitura das referências bibliográficas: conceitos de Bakthin e a relação com o Serviço Social | 81
    3.3 O significado do discurso dialógico e sua relação com a pesquisa em Serviço Social | 87
    3.4 Dicas para melhorar seu texto | 91
    3.5 Ética na pesquisa | 96

4. A pesquisa em Serviço Social: iniciando um projeto de pesquisa | 103
4.1 Elementos introdutórios: modalidades de TCC em Serviço Social | 105
4.2 A teoria e o problema de pesquisa | 113
4.3 Construção dos objetivos | 118
4.4 Justificativa | 126
4.5 Questões norteadoras e hipóteses | 129

5. Metodologia de pesquisa: costurando o trabalho científico | 135
5.1 Metodologia e método: traçando os caminhos da pesquisa | 137
5.2 Quantitativo e qualitativo: diferentes naturezas de pesquisa | 141
5.3 Pesquisa de método misto | 149
5.4 A seleção de participantes e amostragem | 154

6. Uma aprendizagem de desaprender | 169
6.1 Organizando a colcha de retalhos | 171
6.2 Modalidades de pesquisa | 177

7. Organizando nossa colcha de retalhos | 195
7.1 Análise de discurso e análise de conteúdo | 197
7.2 Análise do discurso | 199
7.3 Análise de conteúdo | 205
7.4 Representações sociais | 213
7.5 Organizando nossa colcha de retalhos: estruturação do TCC | 219
7.6 Uma breve reflexão sobre a apresentação de TCC nas bancas | 223

Considerações finais | 227
Referências | 229
Respostas | 241
Sobre os autores | 245

Apresentação

O trabalho de conclusão de curso (TCC) é um compilado de todo aprendizado do(a) estudante durante o curso de Serviço Social. Nesse momento, ele articula o conhecimento que adquiriu em todas as disciplinas, além de pesquisar e realizar um diálogo da teoria com a realidade.

Para auxiliá-lo(a) nesse processo, procuramos apresentar vários exemplos de trabalhos já elaborados, para que você possa compreender a importância não somente de pensar em cada item do TCC, como de organizá-lo em um todo em que cada elemento se relaciona com o outro, trazendo coerência e riqueza à sua pesquisa.

Assim, este livro está organizado da seguinte forma: no Capítulo 1, apresentamos algumas ideias de pesquisa, partindo do que entendemos como *senso comum* e direcionando-nos para a perspectiva científica, que se propõe, com seus métodos, a responder questões da realidade. É necessário levar em conta o método das Ciências Sociais como novo parâmetro para analisar as relações humanas. Por fim, elencamos a dinâmica da pesquisa na elaboração do TCC e sua orientação.

No Capítulo 2, ressaltamos os fundamentos teóricos de alguns autores que contribuíram significativamente para o desenvolvimento das Ciências Sociais. Ao mesmo tempo, elucidamos a perspectiva de cada teórico e suas diferentes nuances e como colaboraram na construção histórica do Serviço Social.

No Capítulo 3, discorremos sobre a linguagem, de suma importância na construção do texto. Fizemos uma interlocução com Mikhail Bakhtin, filósofo da linguagem, para refletir brevemente sobre a linguagem e a pesquisa em Serviço Social. Ao final, apresentamos algumas dicas para melhorar o texto do TCC.

No Capítulo 4, discutimos sobre as modalidades de TCC em Serviço Social, o problema de pesquisa e os objetivos, relacionando estes últimos à Taxonomia de Bloom para que os(as) estudantes compreendam a diferença entre objetivos gerais e específicos e os verbos que podem ser utilizados de acordo com o que se busca no texto. Em seguida, apresentamos o que é *justificativa* e a diferença entre a construção de hipóteses e de questões norteadoras, sendo a última a mais utilizada em um texto de Serviço Social.

No Capítulo 5, identificamos a diferença entre *método* e *metodologia* na pesquisa e o que é a natureza da pesquisa, apresentando a pesquisa qualitativa, quantitativa e de método misto. Apresentamos, ainda, a seleção de participantes e a amostragem e identificamos algumas formas de coleta de dados na pesquisa.

No Capítulo 6, pontuamos os tipos de pesquisa, bibliográfica e documental, e realizamos uma breve apresentação sobre várias formas de coleta de dados, como observação, entrevista, história oral, questionário, estudo de caso, grupo focal, bem como evidenciamos o que é avaliação de programas e projetos na pesquisa avaliativa.

No Capítulo 7, apresentamos as formas de análise de dados, explicitando a diferença entre análise de conteúdo e análise do discurso, as representações sociais, uma breve reflexão sobre as apresentações de TCC nas bancas e, ao final, como organizar, passo a passo, o TCC, trazendo exemplos importantes.

Esperamos que este livro possa trazer clareza em relação aos elementos da pesquisa, para que o TCC não seja uma obrigação negativa no final do curso, e sim um encontro com toda a sua caminhada.

Como aproveitar ao máximo este livro

Empregamos, nesta obra, recursos que visam enriquecer seu aprendizado, facilitar a compreensão dos conteúdos e tornar a leitura mais dinâmica. Conheça, a seguir, cada uma dessas ferramentas e saiba como elas estão distribuídas no decorrer deste livro para bem aproveitá-las.

Conteúdos do capítulo

Logo na abertura do capítulo, relacionamos os conteúdos que nele serão abordados.

Após o estudo deste capítulo, você será capaz de:

Antes de iniciarmos nossa abordagem, listamos as habilidades trabalhadas no capítulo e os conhecimentos que você assimilará no decorrer do texto.

É nesse processo de interação entre os conceitos de enunciado, dialogia e polifonia e o Serviço Social que se compreende a pesquisa como produção de conhecimento com base em uma realidade concreta, onde o exercício de interação acontece diariamente.

O Serviço Social está inserido nas relações sociais de produção e reprodução da vida social, sendo de caráter interventivo e atuando no âmbito da questão social. Para tanto, apontar uma referência teórico-metodológica que reconhece a realidade social, com suas dinâmicas mais elementares, tendo como ponto de partida a análise científica da produção de conhecimento, faz nos aproximarmos de respostas concretas e mais exatas sobre a realidade social.

Como o TCC é um processo comunicativo, no qual o estudante se torna autor, é importante pensar em sugestões para melhoria do texto escrito. Assim, é necessário observar, na escrita, a linguagem formal, para que a mensagem possa ser compreendida pelo leitor.

Para saber mais

BAKHTIN, M. (VOLOCHINOV, V. N.) **Marxismo e filosofia da linguagem**: problemas fundamentais do método sociológico da linguagem. 12. ed. São Paulo: Hucitec, 2006.

Esse livro aponta as ideias de Bakhtin, sua compreensão da linguagem e como esta se forma com base nas interações sociais.

FARACO, C. A.; TEZZA, C. **Prática de texto para estudantes universitários**. Petrópolis: Vozes, 2005.

Nesse livro, a proposta é de que a escrita será mais eficiente e mais bem desenvolvida se acompanhada de reflexões sobre a linguística, além de colocar o autor como parte integrante da sua escrita.

Para saber mais

Sugerimos a leitura de diferentes conteúdos digitais e impressos para que você aprofunde sua aprendizagem e siga buscando conhecimento.

Com base no que foi exposto, temos subsídios para ir "costurando" os pedaços iniciais da nossa colcha de retalhos, pensando, em linhas gerais, em nossa pesquisa. No próximo capítulo, serão complementadas as informações sobre a coleta e a análise de dados.

Síntese

Neste capítulo, iniciamos apresentando a necessidade de escolher um caminho para percorrer o processo da pesquisa. Esse modo de compreender a pesquisa nos fez buscar, na noção de *método*, a clareza para perceber a pesquisa como um todo que se articula e que tem razão de ser na escolha do pesquisador.

Embora se use *método* e *metodologia* indistintamente, compreendemos metodologia como as técnicas de levantamento de dados que também devem estar conectadas ao método e à referência teórica.

Em decorrência disso, a pesquisa se revela em sua natureza, ou seja, dependendo das escolhas feitas pelo pesquisador quanto ao método e à melhor metodologia na obtenção de dados, a pesquisa pode ser quantitativa e qualitativa.

A natureza da pesquisa diz respeito ao processo dinâmico que, nas Ciências Sociais, requer uma abordagem qualitativa, ou seja, os dados são coletados com base na observação direta da realidade para interpretar os significados que os indivíduos dão à esta. Já na quantitativa os dados são coletados por meio de demonstrações quantificáveis de uma realidade entendida com base em técnicas estatísticas.

No final da década de 1980, surgiu uma abordagem que foi além das abordagens quantitativa e qualitativa: o método misto. Nessa abordagem, há combinação e mistura de métodos quantitativos e qualitativos.

Para concluir, apresentamos alguns aspectos da seleção dos participantes e da amostragem e como esta é feita em cada uma das abordagens, quantitativa e qualitativa. Ao final, apontamos para a necessidade de se compreender o tipo de pesquisa para poder pensar nos tipos e técnicas que serão utilizados, pois, dessa maneira, a pesquisa apresentará clareza e coerência.

Síntese

Ao final de cada capítulo, relacionamos as principais informações nele abordadas, a fim de que você avalie as conclusões a que chegou, confirmando-as ou redefinindo-as.

Questões para revisão

Ao realizar as atividades desta seção, você poderá rever os principais conceitos analisados. Ao final do livro, disponibilizamos as respostas às questões para a verificação de sua aprendizagem.

Questões para revisão

1. Em relação ao objeto de pesquisa, é correto afirmar:

    a) *Objeto* é aquilo que deve ser tratado, delimitado, determinado ou descrito pontualmente.
    b) Objeto deve ser objetivo e, por isso, neutro.
    c) O objeto é construído no momento da finalização do TCC.
    d) O objeto justifica o problema de pesquisa.
    e) O objeto não tem relevância na elaboração do TCC.

2. A efetividade de um projeto está relacionada:

    a) aos objetivos e às metas.
    b) aos custos e à otimização de recursos.
    c) aos resultados e impactos.
    d) à problemática da pesquisa.
    e) unicamente à capacidade do aluno.

3. Com relação ao problema de pesquisa, avalie as seguintes afirmativas:
    I) O problema deve ser amplo, para abranger várias expressões da questão social.
    II) O problema deve ser formulado como pergunta.
    III) O problema deve ser ético.

    Está(ão) correta(s) a(s) afirmativa(s):

    a) I e II.
    b) II.
    c) III.
    d) II e III.
    e) Todas as afirmativas estão corretas.

4. Comente a importância de definir os objetivos na elaboração de um TCC.

5. Como a Taxonomia de Bloom pode ser utilizada para planejar o TCC.

Questões para reflexão

Ao propor estas questões, pretendemos estimular sua reflexão crítica sobre temas que ampliam a discussão dos conteúdos tratados no capítulo, contemplando ideias e experiências que podem ser compartilhadas com seus pares.

Questões para reflexão

1. Para Bakhtin, qual é o significado de *enunciação*?
    Dica: Lembre-se de que a linguagem constitui uma ferramenta indispensável para a interação com a realidade.

2. Como é a relação entre pesquisa e conhecimento para o profissional de Serviço Social?
    Dica: Lembre-se de que o contato com a realidade desperta a necessidade de pesquisar.

3. Quais são as dicas para melhorar seu texto?
    Dica: Lembre-se de que a coesão dos parágrafos é que forma o texto.

4. O TCC é um processo comunicativo no qual o estudante se torna autor. Pense no que você gostaria de comunicar no TCC e indique a trajetória que o ajudou a pensar nesse texto.

Introdução

Ao iniciar a introdução de um livro cuja proposta é ser uma ferramenta para aqueles que estão em processo de formação acadêmica e também para professores que serão seus mestres nessa caminhada, algumas questões serão colocadas para demonstrar a qual experiência nos remete essa busca que nos propomos a fazer ao longo da leitura e do estudo deste texto.

Assim, unimos nosso conhecimento com a possibilidade de desenvolver nossa capacidade de compreensão de uma parte da realidade. No entanto, o trabalho de conclusão de curso (TCC) se tornou, na cultura e na prática acadêmica, um caminho árduo e com muitas dificuldades para se transpor. Nosso objetivo é propor uma ferramenta que auxilie na compreensão e na prática de conhecimento mais efetiva e prazerosa desse importante processo, que é a elaboração do TCC.

Utilizamos, no decorrer da obra, várias analogias, com o intuito de auxiliar no processo de compreensão a fim de identificarmos onde estamos e o que queremos.

Uma dessas analogias diz respeito ao mundo da gastronomia, em que uma figura se destaca: o chefe de cozinha. Ele será o responsável por fazer um prato, mas não somente isso: o chefe é aquele que elabora os pratos que serão servidos em um restaurante. Além disso, é um cozinheiro que conhece muito do que já foi elaborado no mundo da gastronomia para poder atender o que um restaurante propõe no seu cardápio.

Se um chefe quer inventar um prato novo, ele se servirá de seu conhecimento e de sua experiência e pesquisará ingredientes que combinem sabores e texturas.

Um elemento indispensável para que o chefe chegue ao sabor que quer elaborar é a habilidade de utilizar os temperos. O tempero tem a função de realçar o sabor de uma comida. Se usado em excesso, o sabor se perde; se usado em menor quantidade, não acentuará o que cada ingrediente tem de melhor. Sendo assim, um chefe de cozinha precisa saber e sentir o sabor dos ingredientes.

Dessa forma, estão misturados o *sabor* e o *saber*. Essas expressões, que segundo o dicionário Houaiss da Língua Portuguesa, vem da etimologia latina: *saber* vem de *sapere* e significa "ter gosto de" ou "sentir por meio do gosto", e *sabor* vem de *sapore*, que significa "sensação que certos corpos ou substâncias exercem sobre os órgãos do paladar; propriedade que esses corpos ou substâncias têm de impressionar o paladar" (Houaiss; Villar; Franco, 2001), ou seja, o gosto característico de alguma coisa.

Para que o saber e o sabor do TCC sejam agradáveis ao paladar, tomamos cuidado com a linguagem nesta obra.

Na compreensão de Roland Barthes (1997, p. 10): "Na ordem do saber, para que as coisas se tornem o que são, o que foram, é necessário esse ingrediente, o sal das palavras. É esse gosto das palavras que faz o saber profundo, fecundo".

O texto, fruto da síntese do conhecimento e da pesquisa, é um enunciado construído por muitas vozes, por muitas palavras, num encontro dialógico de muitos autores que interagem com quem está escrevendo.

Ao desvelar o movimento do real num objeto a ser observado, adentramos na essência do que observamos; ao trazer a descoberta para o texto escrito, a ideia se torna uma teoria e, com a ajuda desta, compreendemos uma parte da realidade que nos cerca.

Por isso, encontrar a palavra que dá mais sabor ao saber e combinar os ingredientes de modo coeso para que o texto, como um prato bem preparado, exale seu sabor, é o que faz o TCC ser um caminho que, embora seja árduo e exija esforço, nos dará como prêmio uma sabedoria saborosa, um prato digno de ser apreciado.

Para isso, devemos iniciar nosso trabalho com a localização e a identificação da longa jornada que a humanidade fez e continua a fazer até os dias de hoje em busca de conhecimento e de sabedoria, pois constituem o tesouro mais apreciável a ser encontrado.

Assim, devemos nos voltar para o que nos torna capazes de tal busca. Quando observamos a natureza, vemos que ela tem seu próprio "mecanismo" de desenvolvimento; aliás, podemos dizer que é uma necessidade fundamental para sua própria evolução, uma vez que desenvolver suas potencialidades é o objetivo de qualquer ser vivo. Assim, num formigueiro, a formiga não precisa pensar nem deliberar para saber as suas ações ou conhecer o mundo ao seu redor. A tartaruga tão logo sai do ovo vai em disparada ao encontro do mar. Sua ação é inexoravelmente definida pela sua natureza biológica, o que faz seu mundo ser sempre do jeito que foi, e assim sempre será.

O ser humano tem como necessidade primordial se desenvolver; no entanto, sua busca para chegar à realização de suas potencialidades é mais complexa. A ação do sujeito para se desenvolver não é automática, precisa ser deliberada, escolhida. Para os homens, ao contrário dos animais e das plantas, a vida e a convivência se dão de formas diferentes. O ser humano possui a capacidade teleológica de projetar, de pensar em suas ações antes que se concretizem – em outras palavras, pode se desenvolver com base em uma decisão-ação.

Para que ocorra a tomada de decisão, é importante saber para onde estamos indo e refletir sobre nossa história enquanto humanidade. Essa compreensão pode se tornar um aspecto que contribui para a tomada de decisões.

É por meio da tomada de decisões que nos desenvolvemos e nos tornamos cada vez mais sabedores de nossas vidas. No entanto, as muitas decisões deverão ser acompanhadas da capacidade de compreensão e reflexão, e esta poderá ser a estratégia que nos projetará para o futuro.

Em sua busca pela sabedoria, Riobaldo, que é o personagem de *Grande sertão: veredas*, busca, em seu compadre Quelemém, o seu ponto de compreensão e reflexão – "é quem muito me consola" (Rosa, 1994, p. 6) – em todas as questões sobre as quais ele se põe a refletir no início do romance. *Consolo* é a palavra para dizer em quem ele busca a sabedoria, o conhecimento, o esclarecimento.

E ao sugerir de onde vem seu conhecimento, sua sabedoria com as coisas da vida, Riobaldo declara sua admiração pelo processo de desenvolvimento do ser humano: "O Senhor... Mire, veja: o mais importante do mundo é isto: que as pessoas não estão sempre iguais, ainda não foram terminadas – mas que elas vão sempre mudando. Afinam ou desafinam. Verdade maior. É o que a vida me ensinou. Isso que me alegra, montão" (Rosa, 1994, p. 24-25).

Dessa forma, apresentamos, ao longo desta obra, aquilo que entendemos como compreensão do modo como nos inserimos no processo de busca pela sabedoria e pelo conhecimento. Ao longo da formação acadêmica, entendemos que os(as) estudantes ampliaram seu conhecimento da realidade, refletiram sobre as diversas teorias e o que se propuseram a resolver.

Ao final desse processo, solicitaremos aos(às) estudantes a elaboração de uma síntese daquilo que mais chamou atenção ao longo do curso. No Serviço Social, com a experiência riquíssima do estágio supervisionado, a relação teórico-prática e ético-política os(as) leva a pensar sobre os problemas da realidade – ou seja, o ponto de partida da pesquisa –, assim como a registrá-los.

Por fim, sem ser menos importante, o segredo do chefe. Todo chefe coloca sua assinatura no prato que elabora, algo que é somente seu. O mesmo prato que é feito nos mais distantes lugares tem uma particularidade: o chefe utiliza uma técnica que faz com que seu prato tenha algo a mais, algo especial.

Conhecer e saber utilizar os métodos e as técnicas será o diferencial que dará uma perspectiva única ao tema. Um tema que provavelmente já foi problematizado ou que forneceu respostas, mas que agora terá uma nova abordagem, um olhar construído com base no pesquisador-estudante que soube combinar todos os ingredientes e, assim, apresentar o seu prato com um novo sabor. Boa reflexão!

CAPÍTULO 1

O sabor e o saber da pesquisa

Conteúdos do capítulo

- A pesquisa como processo do conhecimento humano.
- Ciência e senso comum.
- O contexto da pesquisa social.
- A construção do trabalho de conclusão de curso (TCC) e a pesquisa.
- A produção de texto e a relação de orientação.

Após o estudo deste capítulo, você será capaz de:

1. reconhecer a pesquisa como parte do processo de conhecimento humano;
2. compreender o contexto em que surge a pesquisa social;
3. identificar a relação e a aplicação da pesquisa social na construção do TCC;
4. refletir sobre a orientação de TCC na graduação e a importância da escrita do texto.

1.1 A pesquisa como processo do conhecimento humano

Você já parou para pensar como sempre estamos buscando novos **conhecimentos**? Como nos movemos sempre em direção a algo que está dentro ou fora de nós? E já se perguntou de onde nos vem essa necessidade? Essa **curiosidade** em conhecer algo? Ela está sempre conosco, e não é de hoje. Desde o momento em que abrimos nossos olhos, ou seja, quando nascemos, já fizemos uma **pesquisa** exploratória do lugar onde estávamos, pois, mesmo sem entender, os sentidos buscaram e captaram sons, perfumes, luzes, vozes, uma avalanche de estímulos que, definitivamente, não podemos mais viver sem **experimentar**.

A partir daí, demos os primeiros passos, os quais nos fizeram compreender a pesquisa como a busca constante de conhecimento, e este será o grande objetivo de nossa existência, mesmo sem percebê-lo de maneira clara. Essa busca é o grande projeto que empreendemos ao longo de nossa existência, é a construção de uma vida. A vida é construída, e não dada definitivamente.

Esse processo de conhecimento acompanha a história da humanidade desde seu começo. Pela observação, o ser humano constata alguns fenômenos que precisa compreender e, para isso, utiliza seus sentidos. Ao se deparar com o que acontece na natureza, busca compreender fatos que se desenrolam sem a sua interferência direta e dá um sentido a eles. Podemos imaginar, por exemplo, a descoberta do fogo e como esse fato se tornou importante e transformou a vida dos seres humanos no seu meio. Em decorrência disso, muitos domínios da natureza foram sendo descobertos, e essas descobertas e invenções contribuíram para que o ser humano pudesse melhorar sua forma de se relacionar com a natureza e construir uma melhor convivência em sociedade.

Assim, constatamos que o conhecimento da natureza se impõe para ser descoberto. Quando o ser humano se aproxima do fenômeno para conhecer aquilo que parecia ser destruidor, esse fenômeno se transforma numa importante ferramenta que o auxilia a ter uma melhor convivência com a natureza e com os outros. Dessa forma, observar a natureza e compreender o seu movimento, sem dúvida, é uma importante forma de conhecimento.

Mas, não é somente a natureza que se impõe ao conhecimento dos seres humanos. Na nossa vida, nos deparamos com um conjunto de crenças que procuram explicações sobre o sentido da vida e da morte. Essas crenças e ideias estão como numa nuvem e perpassam gerações, sendo transmitidas por nossos pais, professores e pela cultura na qual estamos inseridos. As crenças e ideias se formaram com base em uma necessidade humana. Observamos como as crianças veem o mundo e seus elementos com admiração, enquanto os adultos passam a não se espantar diante da realidade. No livro *O mundo de Sofia*, o autor compara a forma de as crianças verem o mundo com a mesma admiração que os filósofos o veem. A citação a seguir é de uma carta que Sofia recebe de um misterioso filósofo.

> Vamos resumir: um coelho branco é tirado de dentro de uma cartola. E porque se trata de um coelho muito grande, este truque leva bilhões de anos para acontecer. Todas as crianças nascem bem na ponta dos finos pelos do coelho. Por isso elas conseguem se encantar com a impossibilidade do número de mágica a que assistem. Mas conforme vão envelhecendo, elas vão se arrastando cada vez mais para o interior da pelagem do coelho. E ficam por lá. Lá embaixo é tão confortável que elas não ousam mais subir até a ponta dos finos pelos lá em cima. Só os filósofos têm ousadia para se lançar nessa jornada rumo aos limites da linguagem e da existência. (Gaarder, 1995, p. 31)

O escritor ainda destaca, na carta, que "filósofo permanece a sua vida toda tão receptivo e sensível às coisas quanto um bebê" (Gaarder, 1995, p. 30). Assim, ele vai além do aparente e indaga sobre o mundo. Mas, essa atitude de curiosidade, de indagação, faz parte da experiência humana.

Ao se deparar com perguntas sobre a vida, a morte e o sentido da vida em sociedade, chegou-se a um conjunto de sistemas mais ou menos elaborados com o objetivo de responder a essas questões mais essenciais da vida humana. Esses sistemas podem ser identificados, de modo geral, como a religião e a filosofia. Sendo assim, a religião e a filosofia servem como mediadoras dessas questões. De um lado, a crença religiosa procura uma explicação em Deus para tudo o que acontece; de outro, a filosofia, utilizando-se da razão, procura as causas dos acontecimentos dentro do mundo da vida. Dessa forma, podemos concluir que a religião e a filosofia são também fontes de conhecimento.

Mas será que essas são as únicas formas de conhecer a realidade? O que podemos dizer da arte, por exemplo, quando lemos um livro, escutamos uma música ou assistimos a um filme? Por que ficamos com a sensação de que as experiências e as histórias, de alguma forma, fazem referência à nossa experiência de vida?

Na verdade, não se trata somente de uma distração ou de um entretenimento. Quando lemos um clássico da literatura, ouvimos uma música ou vemos um filme, a história vivida pelo personagem desperta em nós sensações e sentimentos que podem nos levar a um conhecimento. Essa forma de conhecimento que chamamos de *arte*, em todas as suas formas de expressão, é a manifestação do conhecimento de um artista, ou melhor, a experiência que aquele artista sentiu e vivenciou sobre o mundo. Ao olharmos para a obra de um artista, compreendemos importantes informações sobre a realidade; e, se a incorporamos na nossa experiência, elas também se tornam para nós uma importante forma de conhecer e sentir o mundo.

Nesse momento, podemos nos perguntar: Temos essas fontes de conhecimento, mas elas são seguras? O conhecimento que elas nos dão são corretos e verdadeiros?

A simples observação da natureza pode nos levar a equívocos. As religiões são muitas, e cada uma tem uma visão diferente sobre um determinado assunto. A filosofia não consegue responder a todas as questões sobre a vida e a morte, e a arte pode ser considerada uma experiência subjetiva, pois, para uma pessoa, pode ter sentido, mas, para outra, o mesmo livro e a mesma música não significam nada.

Então, com base no exposto, entendemos que precisamos de um conhecimento que realize uma leitura mais objetiva da realidade. Dessa necessidade, nasceu a ciência, que é uma das formas de conhecimento que temos nos dias de hoje.

Atualmente, a ciência tem *status* de preferência e avança para as mais variadas formas de atuação. Seja na medicina, seja na agricultura, seja no trabalho, seja na vida acadêmica, a ciência ocupa um lugar importante em nossos afazeres, mesmo que não percebamos.

Mas, nosso objetivo aqui não é aprofundar a ciência, e sim ressaltar que tudo começa com a atitude do pesquisador – o homem que pesquisa, o estudante que, diante de uma realidade ou de um fato, toma uma atitude de pesquisador.

Notaram como a pesquisa começa por uma curiosidade? Podemos detectar esse processo na seguinte sequência:

curiosidade – experiência – pesquisa – conhecimento

Levando em consideração o conhecimento, vamos pensar no próximo tópico: o que é a ciência.

1.2 Ciência e senso comum

Iniciamos este tópico propondo uma reflexão sobre o termo *ciência*. Desse termo, vem-nos à mente o termo *cientista*, que é aquele que faz ciência. Mas, o que significa fazer ciência?

Se quisermos definir **ciência**, poderemos dizer, de modo geral, que é conhecimento. Mas, segundo Gil (1987, p. 20), este é um termo inadequado "considerando-se o atual estágio de desenvolvimento da ciência. Há conhecimentos que não pertencem à ciência, como o conhecimento vulgar, o religioso e, em certa acepção, o filosófico".

O que propomos é algo mais: um olhar diferente para a maneira como conhecemos a realidade. Como mencionamos no primeiro tópico, a pesquisa ou a necessidade dela nos acompanham desde o momento em que nascemos. Com o passar dos anos, a forma de conhecer vai se aperfeiçoando, pois, não satisfeitos com as respostas dadas, procuramos novas tentativas que expliquem a realidade e o sentido de nossas vidas.

A busca por respostas começa com experiências do cotidiano que se tornam de grande importância, pois essas experiências se transformam em costumes que, por sua vez, definem o jeito comum de vida ou de fala de um grupo de pessoas.

Por exemplo: para fazer um pão, basta seguir a receita, que se constitui de ingredientes necessários e modo de fazer. Basta seguir as orientações da receita, o tempo de forno e temos o pão. Essa é uma resposta dada que não questionamos, porque acontece sempre da mesma forma. Porém, uma simples curiosidade nos leva a querer saber quem inventou a receita. Por isso, fazemos alguns questionamentos: Como foi a experiência que resultou no pão? Quantas experiências deram errado? Como o cientista do pão chegou a essa receita? São tantas perguntas, e nos contentamos em saber que a receita chegou até nós passada de geração em geração. Temos a fórmula (receita) e, se a seguirmos passo a passo, chegaremos ao resultado esperado.

Agora, apresentamos a expressão **senso comum**, que alguns autores chamam de *conhecimento vulgar*. No exemplo da receita de pão, o conhecimento se tornou senso comum, porque é dessa maneira que se faz pão, não sendo necessário pôr à prova a receita para saber que ela funciona.

O senso comum funciona como um conhecimento natural, pois é fruto de nossa experiência em resposta aos problemas do dia a dia. No processo de aprendizagem, dispomos de um conhecimento que nos ajuda a resolver problemas do cotidiano.

Já a ciência, como método de conhecimento, é bastante recente e hoje ocupa um lugar de destaque em nossas vidas. Ela está presente nas situações mais corriqueiras, como acender a luz quando anoitece, nos cuidados com a saúde e até no cultivo de uma cultura, pois tudo está repleto de ciência. Muito do que nos dá qualidade de vida e bem-estar é fruto da ciência. Basta ver o avanço da tecnologia ou a invenção da energia elétrica. Mas, apesar da importância da ciência, o senso comum é o ponto de partida do cientista. Uma dúvida, uma inquietação vivenciada, leva a estabelecer outro método, que, por sua vez, leva ao conhecimento científico.

Essa tarefa, que atravessa gerações, de buscar explicações sobre o mundo e sobre si mesmo levou o homem a forjar instrumentos que pudessem explicitar de modo mais verdadeiro possível o que acontece na natureza e nas relações humanas. Por que chove? E como é possível prever a chuva? São questões que, antes da ciência (meteorologia), eram explicadas por meio da mitologia ou do senso comum, o qual era fundamentado na observação. Hoje, com grande chance de acerto, sabemos quando vai chover no fim de semana e, com base nisso, podemos programar o que fazer e como devemos sair.

Para organizar essa busca como estratégia de conhecimento, um cientista chamado Thomas Kuhn dividiu em duas tradições o pensamento científico: a aristotélica, com um objetivo teleológico, e a galileana, que procura o sentido causal e mecânico dos fatos.

Na primeira tradição, ou seja, na visão teleológica, o mundo é visto como ordem – aliás, a palavra grega *cosmos* significa "ordem". Tudo funciona perfeitamente, há harmonia e tudo converge para uma finalidade: realizar o objetivo de sua existência. Assim, tudo o que existe, inclusive os seres humanos, descobrem o seu lugar no mundo e vivem da melhor maneira possível.

A segunda tradição considera que o mundo funciona em forma de estrutura, em que uma parte depende de outra para constituir o todo. Se cada parte funciona bem, o todo também funciona. As descobertas da física com Galileu, Newton, entre outros, demonstram o universo com base na mecânica de como esse universo funciona.

De Kuhn (1987), aprendemos o conceito de **paradigma**, tão importante para o progresso da ciência. Para esse autor, a ciência é a responsável por elaborar um conjunto de conceitos, noções e processos que são utilizados por uma sociedade ou por uma comunidade científica ao longo de determinado tempo. Quando alguém se contrapõe, mostrando os limites ou o fim de determinados preceitos, tem-se a revolução no universo de conceitos, levando todos a repensar novas formas de ver a realidade, criando-se, assim, novos paradigmas.

Um exemplo de uma revolução científica foi o paradigma do geocentrismo. Por muito tempo, pensou-se que a terra era o centro do universo. E como se chegou a essa ideia? Ao observar o movimento do sol durante o dia, percebeu-se que, ao nascer, ele está a leste; ao meio-dia, sobre nossas cabeças; e, à tarde, ele se põe a oeste. Com base nisso, concluiu-se que era o sol que girava ao redor da terra. Porém, as pesquisas de Copérnico e de Galileu demonstraram que, na verdade, é a terra que gira ao redor do sol, e não o contrário, como se acreditava. Assim, o paradigma do geocentrismo deu lugar ao que chamamos de *heliocentrismo*, um novo paradigma que fez com que a visão de mundo, que perdurou por muitos anos, mudasse de perspectiva. Dessa forma, instaura-se uma crise nas ciências que se manifestam com base em discussões sobre metodologias, teorias, valores e conceitos no campo científico. Por meio de revoluções e de novas descobertas, a ciência evoluiu e se aprimorou, oferecendo melhor qualidade de vida para os seres humanos, mas também, em alguns aspectos, ocasionando grandes dificuldades na convivência humana.

1.3 O contexto da pesquisa social

Depois de entendermos a pesquisa e a dinâmica do conhecimento, que se dá entre o senso comum e a ciência, podemos concordar com Gil (1987, p. 43, grifo nosso), quando afirma que *pesquisa social* é o "**processo** que, utilizando a **metodologia científica**, permite a obtenção de novos conhecimentos no campo da **realidade social**".

A realidade social, na sua concepção mais ampla, constitui o campo de investigação da pesquisa social e é, ao mesmo tempo, onde se insere o ser humano e a sua dinâmica de relações sociais.

Como notamos no tópico anterior, as Ciências da Natureza tiveram sempre uma precedência na ordem investigativa da realidade. *Ciência*, em última palavra, é tudo aquilo que podemos pesquisar, afirmar e investigar sobre a natureza e a sua realidade com base em métodos que chamamos de *métodos científicos*.

Durante muito tempo, as Ciências Sociais procuraram aplicar a mesma metodologia das Ciências da Natureza para a investigação do ser humano e de suas relações interpessoais. Em decorrência disso, surgiram muitas teorias, por meio das quais se percebeu que elas respondiam ao complexo mundo que envolve o homem e suas relações.

A partir da década de 1960, ocorreram muitas mudanças sociopolíticas e, com elas, surgiram alguns pesquisadores críticos à situação das Ciências Sociais. Até o final dos anos 1980, tivemos uma posição que mudou radicalmente a situação da pesquisa das referidas ciências. Dessa nova perspectiva sobre o método das Ciências Sociais, podemos constatar algumas realidades que diferem daquilo que compreendemos como *Ciência da Natureza*:

> Ciência, em última palavra, é tudo aquilo que podemos pesquisar, afirmar e investigar sobre a natureza e a sua realidade com base em métodos que chamamos de métodos científicos.

1. O homem que ocupa o lugar de sujeito das Ciências Sociais é racional e, por isso, é muito mais complexo de se pesquisar do que outros sistemas da natureza física.
2. O que se coloca como objeto de pesquisa nas Ciências Sociais é a história, e percebemos que esta está em constante mudança.
3. Nas Ciências Sociais, o sujeito se relaciona diretamente com seu objeto de estudo e, muitas vezes, convive e está em constante relacionamento com ele. Por exemplo, ao pesquisar a realidade de uma cidade, o(a) estudante pesquisa com base em seu ponto de vista como morador dessa cidade;

4. Ao investigar determinado objeto, constata-se que essa realidade nunca é pura; haverá sempre uma intenção ou uma ideologia que tem de apontar para o resultado da pesquisa.

Com base nessa contextualização da pesquisa social, é possível identificar três níveis de pesquisa, de acordo com o objetivo a que se propõe o pesquisador.

1. **Pesquisas exploratórias**

Esse tipo de pesquisa é altamente recomendado para aqueles que estão dando os primeiros passos nesse processo, pois seu objetivo é se aproximar dos conceitos e das ideias que alguns autores desenvolveram sobre a realidade pesquisada. Chamamos de *exploratória* porque queremos nos aproximar de um tema sobre o qual já foi escrito, mas que ainda não temos tanta clareza sobre seu conceito e suas aplicações, a fim de que fique claro se queremos uma visão geral, ou seja, se desejamos nos aproximar de um tema ou de um fato. Esse é o tipo de pesquisa que nos ajudará com esse objetivo.

A pesquisa exploratória constitui a primeira etapa de uma investigação mais ampla. Habitualmente, essa pesquisa envolve levantamento bibliográfico e documental, entrevistas e estudo de caso. Com base no resultado desse levantamento, é possível uma investigação com procedimentos mais sistematizados.

2. **Pesquisas descritivas**

A pesquisa descritiva tem como objetivo descrever as características de uma pesquisa sobre uma sociedade ou um fenômeno percebido nessas relações. Uma das características mais importantes desse tipo de pesquisa é a utilização de técnicas padronizadas de coleta de dados. Para dar um exemplo, lembramos daquelas pesquisas que buscam estudar as características de um grupo, como distribuição por idade, sexo, procedência e nível de escolaridade. Outras pesquisas desse tipo são as que se propõem a estudar o nível de atendimento dos órgãos públicos de uma comunidade ou, ainda, as condições de habitação de seus moradores.

Tanto quanto as pesquisas exploratórias, as pesquisas descritivas são as mais utilizadas pelos pesquisadores; além disso, são as mais solicitadas por organizações e instituições educacionais, empresas e partidos políticos.

3. **Pesquisas explicativas**

O objetivo desse tipo de pesquisa está relacionado aos fatores que determinam o acontecimento dos fenômenos, bem como àqueles que contribuem para a sua execução. É um tipo de pesquisa mais profunda do conhecimento da realidade porque quer explicar a razão ou o porquê das coisas.

Podemos dizer que o conhecimento científico está centrado nos resultados oferecidos pelos estudos explicativos. Isso não quer dizer que as pesquisas exploratórias e descritivas tenham menos validade. A relação que podemos estabelecer entre os três níveis de pesquisa está em que a pesquisa exploratória e a descritiva constituem a etapa prévia indispensável para que se possa obter explicações científicas.

Nas Ciências Naturais, a pesquisa explicativa vale-se quase que exclusivamente do método experimental; nas Ciências Sociais, em virtude das dificuldades já comentadas, recorre-se a outros métodos, sobretudo a observação.

1.4 A construção do TCC e a pesquisa

Como pudemos perceber, essas definições mais técnicas sobre os tipos de pesquisa servem para nos dar uma ideia da amplitude das possibilidades que um pesquisador encontra ao colocar-se nessa atitude investigativa. Agora, nesse momento da nossa reflexão, você deve estar se perguntando: Como a pesquisa se torna instrumento que pode auxiliar no processo de construção do trabalho de conclusão de curso (TCC)?

Nesse período de formação acadêmica, a pesquisa nos possibilitará a iniciação no processo de produção de conhecimento. Note que, ao falarmos de *conhecimento*, estamos especificando que é um processo, ou seja, a produção de conhecimento desenvolve-se ao longo de nossa vida acadêmica e, como processo, terá, necessariamente, uma continuidade ao longo do exercício da atividade profissional.

O TCC é caracterizado como uma modalidade de trabalho acadêmico que deve ser entendido como um momento de síntese e expressão da formação profissional (Abess, 1997). Compreendemos ainda que a elaboração do TCC segue normas técnicas vigentes, é elaborado pelo aluno sob a orientação de um professor e pautado por critérios definidos previamente e submetidos a um seminário de avaliação.

Segundo Severino (2010, p. 26), "Além de eventual contribuição de seus conteúdos, executar esses trabalhos é praticar a pesquisa, iniciar-se à vida científica e vivenciar a forma mais privilegiada de aprender".

Na compreensão do que é o TCC, colocamos em destaque o seu poder de síntese do conhecimento adquirido durante o processo de formação acadêmica, ou seja, o TCC constitui um instrumento que possibilitará a você realizar uma síntese do seu aprendizado.

Na prática, isso significa que a construção e a apresentação do TCC servirão como avaliação daquilo que construímos ao longo do período acadêmico. Aqui, podemos destacar a importância que tem a avaliação como construção e reconstrução de conhecimento por meio do diálogo entre professores e alunos. A avaliação pode, também, ser um momento de reflexão e de interação entre professor e aluno: o movimento de transformação onde se aprimoram os conhecimentos em um processo que necessita de uma avaliação periódica, pois tem como função auxiliar os professores avaliadores do trabalho escrito, os professores em sua orientação e os alunos na construção do TCC.

Um outro aspecto a ser considerado na construção do TCC é aquele no qual nos perguntamos em que momento do curso devemos pensar na sua elaboração. Em algumas leituras de TCC apresentadas recentemente, constatamos que a maioria dos alunos descreve que começaram a pensar na elaboração deste quando iniciaram o estágio acadêmico.

Esse fato se comprova e se justifica pela proximidade com a realidade social concreta, onde o acadêmico entra em contato com as discussões e problemas vivenciados em sua área. Em decorrência dessa constatação, podemos identificar que o TCC tem como referência o estágio, mas a construção do conhecimento do aluno está em permanente transformação e ocorre de forma especial durante os anos de sua formação e permanência na academia.

O TCC constitui a síntese final desse período; por isso, essa síntese, que encerra um ciclo, precisa ser avaliada. A elaboração do trabalho final pode ser pensada desde quando o aluno ingressa no curso, pois todos os conteúdos aprendidos e apreendidos são componentes fundamentais para a construção da formação profissional.

Assim, o TCC se torna a materialização dos conhecimentos por meio da linguagem escrita e oral, proporcionando possíveis correções e construções de pensamento. É o momento em que o aluno elabora sua síntese crítica, sistematizando o conhecimento adquirido no transcorrer do curso, nas vivências e nos estágios, avaliando teoricamente o movimento do saber e da realidade da ação profissional com olhar mais ampliado, no qual sintetiza conhecimentos e pode projetar novos desafios.

Setubal (2013) destaca que a percepção do conhecimento origina-se das experiências do homem no cotidiano, o que determina que uma prática "aparentemente" apenas interventiva está produzindo um conhecimento profissional. A autora reconhece duas vertentes de conhecimento que perpassam o modo de ser e de se constituir do Serviço Social:

> A visão instrumental parte do princípio que o conhecimento origina-se e sustenta-se na própria prática profissional com o auxílio de teorias generalizadoras que viabilizam certa compreensão do objeto para intervenção imediata. [...] A segunda vertente defende o conhecimento como um produto dialético que apreende, em um só momento, a forma de expressar do Serviço Social num determinado espaço e tempo, bem como as alternativas viáveis de intervenção. Não

é um conhecimento apriorístico, sensível, mas organiza-se a partir da correlação de forças políticas e ideológicas contidas nas relações sociais. (Setubal, 2013, p. 33-34)

A primeira vertente produz uma visão distanciada e fragmentada do objeto. Percebemos, porém, que isso se configura na prática profissional. Temos de ter em vista a segunda vertente, que entende a pesquisa como um produto dialético, em um contexto de correlação de forças políticas e ideológicas.

Nesse momento, cabe colocarmos outro aspecto no que se refere à pesquisa e ao TCC. É possível desenvolver e pesquisar uma temática original? Em outras palavras, é possível desenvolver uma pesquisa que contém novidades ou que ninguém tratou em algum momento da história? Já percebemos, de início, que essa é uma dúvida um tanto ambígua, pois *originalidade* significa não somente tratar de um tema novo, mas também pode ser a forma como nós damos respostas a dúvidas e questões que outros autores já trataram. Então, originalidade está relacionada à forma como o nosso ponto de vista contribui cientificamente para tratar de problemas que ainda hoje se apresentam em nossa sociedade.

Por exemplo, não há como não perceber que, nesse momento da história, nós nos debatemos com uma crise dos direitos humanos, mas também com uma crise dos direitos sociais. Esses problemas já foram tratados em outro momento da história, por outros autores e em outra realidade. Mas, o que a pesquisa nos sugere é que precisamos enfrentar esses temas e esses problemas com base na realidade que vivenciamos em nosso cotidiano como profissionais, como cidadãos e como pesquisadores da realidade social.

Este é o caráter original da nossa pesquisa: incorporar esses desafios sem deixar de buscar referências em autores do passado que, por sua experiência e competência, deixaram para nós um legado intelectual. Sendo assim, o que buscamos não é a verdade única ou a solução para todos os problemas, e sim uma relação do que hoje vivenciamos com as ideias que os teóricos tiveram com situações muito semelhantes às nossas e que, por isso, podem auxiliar na leitura que hoje fazemos da nossa realidade.

1.5 A produção de texto e a relação de orientação

Ao longo dos anos, observamos a relação entre os(as) graduandos do curso e os(as) autores do TCC e constatamos que essa troca constitui um momento fundamental, pois, por meio dela, são articulados todos os conteúdos do curso para a produção de um texto que vai articular elementos da realidade vivenciada e observada pelo(a) estudante com os conteúdos teóricos ministrados na academia. Nesse momento, espera-se desse estudante uma escrita criativa e dentro dos padrões ortográficos e gramaticais, com conhecimento teórico sobre o fenômeno a ser estudado, ou seja, que ele se torne um autor, com base em um processo de orientação e de conteúdos já discutidos anteriormente.

Porém, há uma grande angústia entre os(as) estudantes, pois relatam sonhar com o TCC, imaginando que se trata de um monstro, que é um processo difícil. Por outro lado, entre os professores, há uma tendência a comentar que muitos(as) estudantes não estão preparados para esse processo por falta de conteúdo e de estudo, por problemas de escrita, por não definirem seu objeto de estudo, entre outros.

O TCC torna-se "o abacaxi", o pesadelo dos(as) estudantes. Porém, na literatura de pesquisa, esse momento do trabalho na graduação é pouco discutido e, quando isso acontece, o processo de orientação e autoria de trabalho, associado à pesquisa, é explorado teoricamente quando se discute a pós-graduação *lato sensu* e *stricto sensu*. Machado (2002) traz uma discussão da relação entre autoria e orientação no processo de teses e dissertações, muito pertinente também no que se refere ao TCC. Um dos primeiros problemas levantados pela autora é a relação entre graduação e pós-graduação. Ela afirma que a prática do professor na graduação é a "oralidade" e, na pós-graduação, o aluno é estimulado no "universo da escrita":

> Essa questão que acabamos de levantar é, de fato, o grande divisor de água entre a graduação e a pós-graduação e, explica, em parte, a enorme dificuldade que se tem, apesar das intenções expressas, para integrar os dois níveis universitários. O primeiro continua funcionando sob a regência da oralidade, da eficácia da retórica, das práticas oratórias, enquanto que a pós-graduação desenrola-se predominantemente no universo da escrita. (Machado, 2002, p. 49)

A autora refere-se à graduação de forma geral, afirmando que os conteúdos são trabalhados de forma mais expositiva nesse momento de formação e com maior frequência de escrita na pós-graduação. Esta, porém, tem sido uma grande queixa na graduação, pois a falta de formação básica da escrita acarreta a necessidade de se ensinar português na graduação. Com o acesso crescente a textos e produções na internet, os(as) estudantes, muitas vezes, copiam todo o conteúdo disponível e, ao serem cobrados sobre a prática, alegam não saberem que plágio seria um crime. Uma vez, constatou-se que uma estudante chegou a fazer uma reclamação formal na ouvidoria da instituição de ensino, dizendo que a professora a nominou de "criminosa" ao afirmar que "plágio é crime".

Há grande reclamação do(a) estudante trabalhador, que alega "não ter tempo" de ler, condição fundamental, na academia, para apreender o conteúdo. Muitos se deparam com a escrita científica apenas na academia. Concordamos com a autora que a intimidade com o exercício da escrita é mínima na academia:

> A observação prática nos mestrados demonstra, de maneira inquestionável, que 15 ou mais anos de língua portuguesa não desenvolveram, na grande maioria dos adultos, qualquer intimidade com a sua própria escrita, de modo que eles não conseguem escrever com facilidade, nem razoavelmente, nem corretamente, nem sem sofrimento. Isto é válido para leitores ávidos, oradores eloquentes e bem-sucedidos, cuja cultura não lhes garante habilidade para escrever. (Machado, 2002, p. 52)

Porém, entendemos que o problema da escrita extrapola a graduação: nos primeiros anos, quando os(as) professores(as), muitas vezes, solicitam trabalhos, como resenhas críticas, fichamentos, relação entre textos, entre outros, os(as) estudantes reclamam que os professores não os ensinam a fazer. Essa responsabilização de outrem pelos problemas de escrita acarretou, nas graduações, a necessidade do ensino da Língua Portuguesa e da Metodologia Científica, ainda insuficiente para suprir vários déficits do ensino básico.

Na nossa realidade, podemos dizer que o TCC não pode ser visto como "o grande salvador da pátria". O(A) estudante vai articular o conhecimento que obteve por vários anos anteriores, e não aprender o exercício de pesquisa no final do curso, como se isso ocorresse automaticamente. Essa responsabilidade também não pode ser delegada ao(à) orientador(a).

Machado (2002) analisa ainda a necessidade de o(a) estudante de mestrado adquirir a habilidade de escrita na infância, e não de desenvolvê-la no mestrado. Ela problematiza que o mestrado não é um lócus para simplesmente melhorar a escrita, mas para aprofundá-la.

E a graduação? Os(As) estudantes de Serviço Social têm a escrita como sua grande aliada profissional. Devem escrever laudos, pareceres técnicos, relatórios sociais, opinar sobre uma realidade social, participar da elaboração de políticas públicas, avaliar programas quando se formarem, entre outros. Isso se dá não somente com o exercício da escrita, mas pela compreensão mais aprofundada da realidade social. Para que a relação da práxis se estabeleça no curso de Serviço Social, é realizada uma relação teórico-prática e a construção de textos nos diários de campo na prática de estágio. Os(As) estudantes elaboram textos que dialogam com a observação prática (observou-se que, quanto mais essa relação é realizada nas observações da prática de estágio, melhor é a articulação teórico-prática no TCC).

Nesse âmbito, a orientação do TCC não está relacionada à correção de escrita, de ensino de normas da Associação Brasileira de Normas Técnicas (ABNT) ou de indicações de livros; é uma construção dialógica entre o(a) orientador(a) e o(a) estudante, em que o primeiro compartilha sua experiência e o segundo se sente mais determinado a conquistar segurança para exercer sua criatividade. De acordo com a autora:

> O processo de orientação se constitui basicamente numa leitura e numa discussão conjuntas, num embate de ideias, de apresentação de sugestões e críticas, de respostas e de argumentações, em que está em pauta um trabalho de convencimento, de esclarecimento e de prevenção, tanto no que concerne a questões de conteúdo como de forma. Este diálogo pressupõe a existência do projeto de investigação, ponto de partida para o trabalho conjunto. (Machado, 2002, p. 78)

No caso do TCC no Serviço Social, parte-se do projeto de pesquisa, conforme apresentaremos no próximo capítulo. Apesar de não ser possível esgotar a discussão sobre a escrita, vamos indicar orientações sobre ela no próximo capítulo. Afinal, é relevante a comunicação com clareza para que o conhecimento produzido facilite a compreensão por todos.

Síntese

Neste capítulo, foram abordadas noções elementares de pesquisa como um processo que acompanha o ser humano desde o momento do seu nascimento. Para constatar a evolução de como a pesquisa ocupa um lugar essencial na vida e no conhecimento do ser humano, apresentamos as noções de ciência e senso comum.

O senso comum é a maneira pela qual são observados e vivenciados os problemas cotidianos em busca de respostas, mesmo sem comprovação científica. Já a ciência, por meio do seu método rigoroso e sistemático, permite comprovar a relação dos fenômenos naturais, desmistificando a ideia mágica que o homem tinha sobre a natureza e apresentando novos paradigmas que permitem a evolução do conhecimento.

No segundo momento, apresentamos a pesquisa em relação às Ciências Sociais, mencionando que o foco de interesse da pesquisa é o ser humano e suas relações sociais. Pelo processo de reflexão, compreendemos como as Ciências Sociais se distinguem das Ciências da Natureza com seu método próprio de pesquisa.

Por fim, relacionamos a pesquisa com a construção do TCC, sendo este um elemento indispensável para avaliação e construção do conhecimento no período acadêmico. A relação entre orientador(a) e orientando(a) é fundamental para que se estabeleça a troca de experiências, um embate de ideias que leva a uma construção conjunta.

Para saber mais

ALVES, R. **Filosofia da ciência**: Introdução ao jogo e a suas regras. São Paulo: Loyola, 2000.

Neste livro, você encontra os temas sobre ciência e pesquisa em forma de reflexões e analogias, citando os autores de maior relevância nessa área de estudo, pertinentes à compreensão do processo de pesquisa e das habilidades do pesquisador.

GIL, A. C. **Métodos e técnicas de pesquisa social**. 6. ed. São Paulo: Atlas, 2008.

O autor, além de ser uma das maiores referências na pesquisa social, articula, neste livro, um manual de procedimentos básicos para elaboração e desenvolvimento da pesquisa social.

SEVERINO, A. J. **Metodologia do trabalho científico**. 6. ed. São Paulo: Cortez, 2017.

Esta obra, utilizada, há muito tempo, no meio acadêmico, aborda, de maneira geral, a organização da vida acadêmica e elabora os conceitos e as práticas de pesquisa, bem como do TCC.

Questões para revisão

1. O ser humano entende o conhecimento da realidade por intermédio:

    a) dos sentidos.
    b) da religiosidade.
    c) da filosofia.
    d) da arte.
    e) Todas as alternativas anteriores estão corretas.

2. Na relação com o senso comum, a ciência:

   a) está separada do senso comum.
   b) por seus resultados, está acima do senso comum.
   c) está de acordo com a ideia de senso comum.
   d) explica todas as dúvidas que o senso comum apresenta.
   e) com a sua comprovação científica, pode elevar o senso comum a conhecimento comprovado.

3. Segundo Gil (1987, p. 43), "Pesquisa Social é o processo que, utilizando a metodologia científica, permite a obtenção de novos conhecimentos no campo da realidade social". Com base nisso, é correto afirmar:

   a) As Ciências Sociais devem utilizar o mesmo método de pesquisa das Ciências da Natureza, como a biologia e a física.
   b) As Ciências Sociais não possuem um método próprio de pesquisa.
   c) As Ciências Sociais evoluíram, nas últimas décadas do século passado, em busca de uma compreensão para responder às questões sociais.
   d) As Ciências Sociais não possibilitam nenhum conhecimento novo da realidade social.
   e) Nenhuma das alternativas anteriores é correta..

4. Explique as características mais importantes dos níveis da pesquisa exploratória.

5. Na sua compreensão, qual a importância do TCC como processo de formação na vida acadêmica?

Questões para reflexão

1. Qual é a definição de *ciência* proposta por Gil? E como ele a complementa?

   Dica: Lembre-se de que este autor considera inadequado entender *ciência* como *conhecimento*.

2. Que importância tem a pesquisa para o TCC?

    Dica: Lembre-se de que o TCC é a conclusão de uma etapa do processo acadêmico.

3. Qual a importância de um(a) orientador(a) na escrita do TCC?

    Dica: Lembre-se de que a orientação não é somente correção de escrita ou indicação de livros.

4. Reflita sobre os desafios que você encontra na escrita do TCC e registre-os, justificando suas escolhas.

    Dica: Registre também seus pontos positivos na escrita.

5. Por que a escrita é a grande aliada do assistente social? Pense na sua prática de estágio: Que tipos de registro os profissionais realizam no dia a dia?

    Dica: Leia livros sobre laudos, pareceres e relatórios do assistente social.

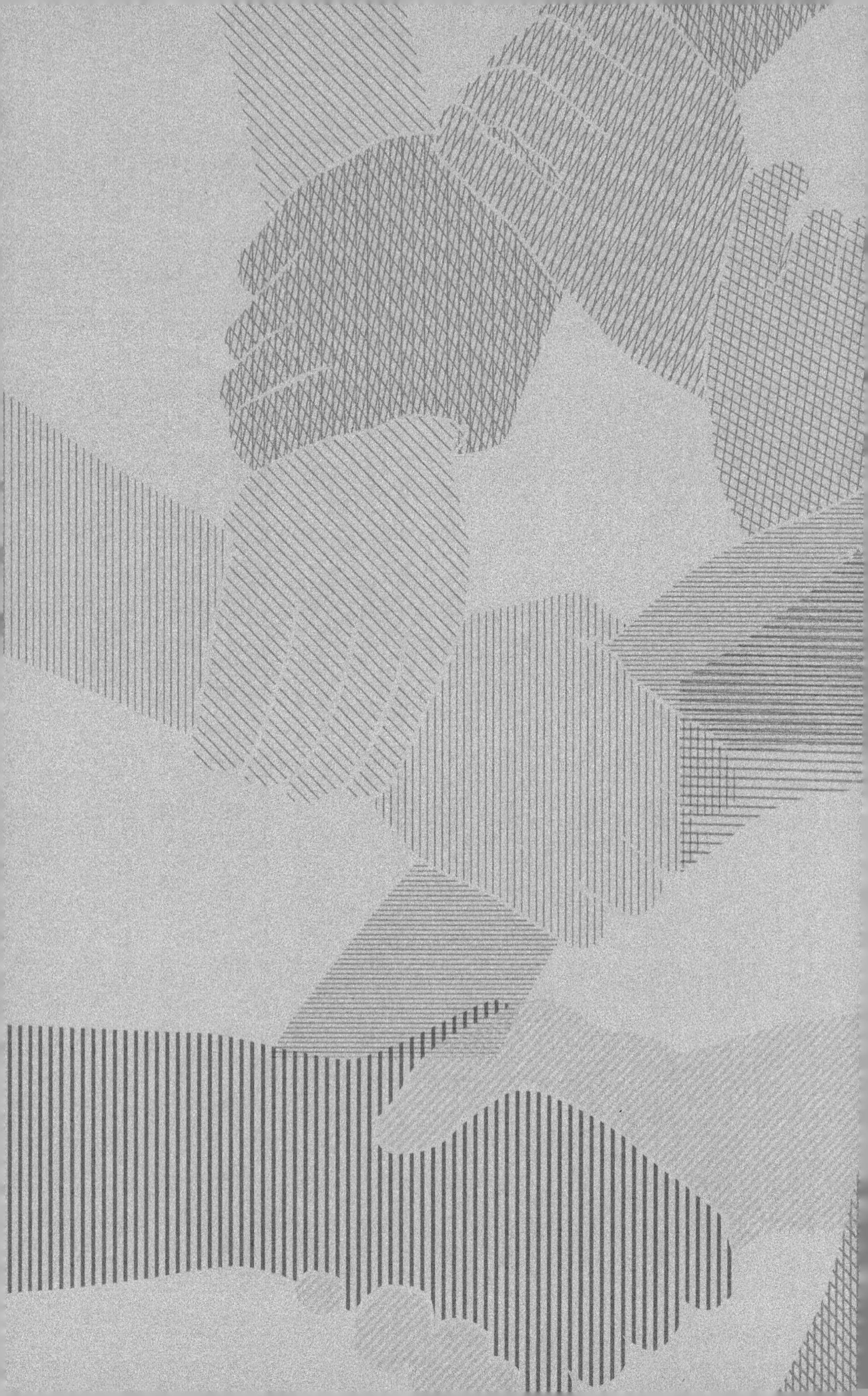

CAPÍTULO 2

Fundamentos teóricos das Ciências Sociais

Conteúdos do capítulo

- Teóricos das Ciências Sociais.
- Métodos de pesquisa em Ciências Sociais.
- O positivismo.
- Serviço Social e positivismo.
- A fenomenologia.
- Serviço Social e fenomenologia.
- Marxismo.
- Serviço Social e marxismo.

Após o estudo deste capítulo, você será capaz de:

1. relacionar os teóricos fundamentais das Ciências Sociais;
2. comparar as teorias e suas diferenças no contexto da pesquisa social;
3. entender os métodos de pesquisa e como contribuem para a pesquisa em Serviço Social;
4. perceber as influências de cada método na construção histórica do Serviço Social.

2.1 Teóricos das Ciências Sociais

Neste capítulo, o centro da reflexão está direcionado para a particularidade da pesquisa social, pois a busca pelo conhecimento se vincula à realidade social.
Como compreender as relações entre os seres humanos? Como se dá o movimento da sociedade em diferentes épocas? Quais fenômenos podemos constatar do que observamos? E como ver esses fenômenos sob a ótica de uma metodologia científica?
Certamente, não pretendemos esgotar, neste tópico, as respostas a essas perguntas, e sim oferecer alguns elementos para aprofundar a pesquisa e as questões que serão de relevância no processo de pesquisa e aprendizado. Sendo assim, o principal objetivo é demonstrar com clareza os fundamentos teóricos da pesquisa social.
Para Sgarbieiro & Bourguignon (2011, p. 10):

> O exercício da pesquisa exige clareza tanto quanto aos fundamentos teóricos que orientam a investigação, como quanto aos procedimentos e instrumentos que o pesquisador elege para a busca de elementos empíricos que elucidem a problemática elaborada em torno de um objeto bem delimitado e problematizado teoricamente.

Sem pretender chegar a uma definição fechada de *pesquisa social*, podemos apresentar uma proposta de aproximação como processo que utiliza uma metodologia científica para obter novos conhecimentos no campo da realidade social.
Para começar a tratar essas questões, é relevante consultar alguns pensadores que foram precursores em pesquisar e definir conceitos válidos e pertinentes à pesquisa social.
A sociologia é a ciência que estuda os fenômenos sociais humanos e como esses fenômenos constituem a sociedade. Os precursores da sociologia foram Auguste Comte (1798-1857), Alexis de Tocqueville (1805-1859) e Karl Marx (1818-1883). Quem deu *status* de ciência à sociologia, ou melhor, quem desenvolveu

uma metodologia científica à sociologia foram Émile Durkheim (1858-1917), Vilfredo Pareto (1848-1923), Max Weber (1864-1920) e Marcel Mauss (1872-1950).

2.1.1 Émile Durkheim (1858-1917)

Durkheim foi quem conferiu à Sociologia o *status* de ciência porque conseguiu compreender, de forma disciplinada e metódica, o fato social. Para Durkheim (2004, p. 52): "É fato social toda maneira de agir, fixa ou não, suscetível de exercer sobre o indivíduo uma coerção exterior". Em outras palavras, é um movimento exterior ao indivíduo, o qual exerce uma força tal que muda sua forma de agir.

Para chegar a esse conceito, Durkheim utilizou o que chamamos de **método comparativo**.

> O método consiste em tomar todas as manifestações particulares do fenômeno sob investigação, compará-las e retirar as características comuns – comuns a todas. No início da pesquisa parte-se das características aparentes, atingindo-se, sempre pela comparação, as características menos visíveis, mais profundas. (Dias, 2005, p. 185)

A primeira regra do método sociológico, segundo Durkheim, é tratar os fenômenos sociais como coisas. Sendo assim, estas devem ser as primeiras atitudes do pesquisador: analisar seus próprios julgamentos de valores a respeito do que vai pesquisar; identificar e isolar os preconceitos enraizados em si mesmo, uma vez que fazem parte da sociedade na qual vive e pesquisa. Com base nesse distanciamento feito pelo pesquisador, o método da comparação permite a ele constatar a causalidade de um fenômeno a partir de outro. Por isso, tirar conclusões apressadas ou mesmo "dar a opinião" não fazem parte do processo científico.

Conforme visto, o método comparativo, segundo Durkheim, busca as semelhanças entre dois fenômenos. Pelo método indutivo, chega-se ao universal, e o universal constitui o que é comum aos dois fenômenos e – portanto, aquilo que se repete. Então, por esse procedimento, constroem-se os conceitos e, com base nestes, chega-se ao essencial, ao fundamental.

Para Durkheim, uma regra metodológica é que as sensações são fundamentais para se formar conceitos. Isso se deve ao fato de que pela sensação se chega à aparência das coisas. De acordo com o autor:

> É da sensação que emanam todas as ideias gerais, verdadeiras ou falsas, científicas ou não. Portanto, o ponto de partida da ciência ou conhecimento especulativo não poderia ser outro que o do conhecimento vulgar ou prático. É somente além dele, na maneira pela qual essa matéria comum é elaborada, que as divergências começam. (Durkheim, 1995, p. 44)

É da experiência e das vivências do cotidiano que a necessidade de conhecimento se apresenta. Com a sensação de alguma divergência ou de que algo não está bem, damo-nos conta de que ali deve-se instaurar um processo de pesquisa para investigar um fenômeno que se revela. Observe que é o fenômeno, ou, como diz Durkheim, a *coisa*, que se impõe à nossa experiência. Mas, aqui, o pesquisador deve ter cuidado, pois a sensação é subjetiva e pode levar a conclusões pessoais sobre o fenômeno. Para tornar a sensação objetiva, o pesquisador deve tomar um ponto de referência que esteja fora dele ou de seu ponto de vista.

Segundo Durkheim, "a condição de toda objetividade é a existência de um ponto de referência, constante e idêntico, ao qual a representação pode ser relacionada e que permite tudo o que ela tem de variável, portanto, de subjetivo" (Durkheim, 1995, p. 45).

Como conclusão, para Durkheim, quanto mais fixo for o ponto de referência, mais objetiva será a análise da realidade. E, para isso ocorrer, é necessária a contribuição de duas atitudes do pesquisador social: distância metódica de seu objeto de pesquisa e busca de um ponto de referência objetivo.

2.1.2 Max Weber (1864-1920)

Para poder adentrar no mundo sociológico de Weber, precisamos entender algumas ideias que viabilizam o pensamento de como Weber compreende a importância da pesquisa, no que ele denomina *ciência da cultura* (Weber, 2011, p. 7), que chamamos hoje de *Ciências Sociais*.

A propósito, não pretendemos esgotar todo o pensamento de Weber, e sim trazer à tona algumas ideias que fundamentam a pesquisa em Ciências Sociais.

Com base na compreensão de que somente é possível o conhecimento da realidade (do que existe), o real é entendido como o que é dado, e não como o que deveria ser. Para se aproximar dessa realidade, a primeira experiência que temos é a avaliação que fazemos dessa realidade. Como sabemos, essa realidade é constituída de muitos fenômenos. Diante da realidade, observamos uma variedade de fenômenos dos quais apreendemos aquilo que nossa experiência permite observar e vemos com base em nossa visão de mundo e em nossos valores.

Assim, entendemos a importância dos valores, que se constituem, num primeiro momento, e despertam no pesquisador o interesse por um problema a ser investigado. Mas, para a produção de conhecimento, o pesquisador deve fazer um processo rigoroso e metódico, a fim de que sua análise esteja fundamentada na realidade objetiva, e não em achismos, preferências ou valores que o pesquisador traz consigo.

Não se trata de contradição, mas de um processo de conhecimento, em que se passa da experiência do cotidiano a um conhecimento científico, o qual segue o rigor com uma dinâmica própria.

Weber (citado por Sgarbieiro; Bourguignon, 2011, p. 12), assegura a neutralidade da pesquisa científica, salientando que "os valores do pesquisador (o que é subjetivo) devem orientar o início da pesquisa, suas escolhas e a direção que irá tomar. Mas no processo de análise e resposta da pesquisa, a neutralidade deve prevalecer para garantir respostas objetivas à realidade".

Cabe ao pesquisador averiguar aquilo que é conhecimento empírico e o que é juízo de valor. Por que essa preocupação com os valores no resultado de uma pesquisa? Para Weber (2011), a validade do conhecimento não está na visão de mundo de um sujeito particular, mas no confronto com o real.

Para que seja conhecimento científico, a visão e os valores do pesquisador deverão ser confrontados com a realidade. Desse modo, Weber (2011, p. 14) conclui que há necessidade de "compreender que não é tarefa da ciência empírica produzir normas e ideais para utilizá-las como receitas na prática. Antes importa entender o que significa e o que pretende a ciência com as ideias e os juízos de valor" (Weber, 2011, p. 14).

A concepção de sociologia enfatiza a figura do agente, do ator da ação, bem como o significado que as ações têm. As ações carregam propósitos, intenções, e o problema é decifrá-las. A sociologia é feita de ações sociais praticadas por indivíduos. Não é uma ciência dos grupos, é uma ciência dos indivíduos agindo socialmente. Quando um indivíduo age em relação a um outro, tem-se uma relação social. Assim, agir é, para Weber, praticar ações sociais.

Cada época histórica possui seu sistema de valores e ideias; por isso, para saber qual método utilizar numa pesquisa, é preciso saber o valor que o investigador tem em determinada época. Trata-se de saber se a validade para um investigador não é a mesma para outro. A referência para a validade de uma investigação é a comunidade científica. Porém, essa verdade científica pode sofrer alterações em diferentes épocas.

Para Weber, essa ideia linear da história é bem diferente da ideia de Marx, que via o modo de produção capitalista numa contradição dialética em relação ao processo histórico.

> **Quando um indivíduo age em relação a um outro, tem-se uma relação social. Assim, agir é, para Weber, praticar ações sociais.**

2.1.3 Karl Marx (1818-1883)

Após um longo tempo de estudo e de análises, Marx trouxe a público o resultado de suas pesquisas e seus aprendizados. Ao analisar a sociedade, fundamentado na rica doutrina teórica de sua época, Marx acrescentou algo inovador em sua teoria social. A novidade de sua elaboração consiste numa perspectiva crítica que está distante da ideia de recusa de um conhecimento ou de um senso de valor entre bom ou mau.

Assim, esclarece Netto (2011, p. 18): "Para Marx, a crítica do conhecimento acumulado consiste em trazer ao exame racional, tornando-os conscientes, os seus fundamentos, os seus condicionamentos e os seus limites – ao mesmo tempo em que se faz a verificação dos conteúdos desse conhecimento a partir dos processos históricos".

Ao contrário da filosofia de Hegel, que tem como princípio a ideia, a teoria de Marx se fundamenta no materialismo histórico-dialético. Isso significa que a realidade é construída com base no concreto, nas relações sociais constituídas no seu movimento histórico.

O materialismo dialético não tem como base de seus princípios somente a matéria, a dialética e a prática social, mas também ressalta sua importância e sua atualidade ao abordar a historicidade num processo dialético. Por isso,

> Talvez uma das ideias mais originais do materialismo dialético seja a de ter ressaltado, na teoria do conhecimento, a importância da **prática social** como critério de verdade. E ao enfocar historicamente o conhecimento, em seu processo dialético, colocou em relevo a interconexão do relativo e do absoluto. Desta maneira, as verdades científicas, em geral, significam graus do conhecimento, limitados pela história, mas [...] este relativismo não significa reconhecer a incapacidade de o ser humano chegar a possuir a verdade. (Triviños, 1987, p. 51, grifo do original)

Na perspectiva materialista, significa que o mundo exterior existe independente da nossa consciência. Como exemplo, podemos citar a árvore, que existe independente da noção que tenhamos de *árvore*. Para os idealistas, tudo que sabemos não passa de representação que acontece na nossa consciência, pois não podemos saber nada que não seja um fenômeno de consciência; assim, o mundo não existe fora da consciência humana.

Aqui está a atualidade da teoria social de Marx ao desenvolver uma nova concepção de conhecimento. Segundo ele, é a atividade material dos seres humanos, ou seja, aquilo que fazemos, que determina nossas ideias, e não o contrário.

Marx reconhece as várias modalidades de conhecimento: o conhecimento mágico do mundo, como é classificada a religião; o conhecimento tecnológico, que Marx chama de *conhecimento prático mental*; o conhecimento estético; e o conhecimento do cotidiano (senso comum). Marx reconhece todas essas formas de conhecimento, contudo, destaca que o conhecimento teórico é o conhecimento por excelência. Na sua trajetória, ele procura desenvolver uma teoria social, ou seja, quer entender como funciona a sociedade e suas inter-relações.

Com base nisso, vamos esclarecer termo a termo aquilo que Marx compreendia da sua teoria. Vamos começar pelo conceito de **teoria**, que, para Marx, é a reprodução ideal do movimento real do objeto. Então, quando falamos de *produção de conhecimento*, entendemos que o conhecimento como tal não produz nada. Na verdade, ele é uma reprodução, no mundo das ideias, daquilo que acontece na realidade. É algo que está fora e não é produzido pela razão, mas é reproduzido daquilo que percebemos do movimento real. A preocupação de Marx se detém na relação sujeito-objeto do conhecimento.

Nesse momento, cabe fazer algumas observações sobre o sentido da realidade. Ao observarmos o mundo, podemos descobrir que ele é formado por fenômenos e objetos. Entendemos fenômenos e objetos materiais como a realidade que está fora do nosso pensamento, por exemplo: o carro, o livro, o caderno, a caneta, entre outros. Já os fenômenos ideais ou espirituais são aqueles que nós produzimos em nossa consciência, como: pensamentos, ideias, sentimentos, juízos, entre outros. Partindo dessa constatação, podemos dizer que a realidade é formada por fenômenos materiais e espirituais. Com base nisso, a grande questão que se coloca ao pesquisador é estabelecer a relação entre a consciência do sujeito e a realidade objetiva, ou seja, o que pensamos e a realidade material.

Quando pensamos na reprodução ideal, estamos querendo dizer que o sujeito extrai do objeto o seu movimento para elevar a categoria da razão, formando, assim, a teoria. Portanto, reprodução ideal é tarefa do sujeito que pesquisa.

A teoria não é retrato nem levantamento da realidade. O que ele quer saber é como se movimenta essa sociedade com seu modo capitalista. O objeto de Marx é histórico e efetivo: a sociedade burguesa. Ele quer apreender seus movimentos e aquilo que são suas regularidades universais, ou seja, suas leis ou, ainda, como elas funcionam.

Para Netto (2004, p. 58), "O procedimento metodológico próprio a essa teoria [marxiana] consiste em partir do empírico (os "fatos"), apanhar as suas relações com outros conjuntos empíricos, investigar a sua gênese histórica e o seu desenvolvimento interno e reconstruir, no plano do pensamento, todo esse processo".

Essa citação nos ajuda a entender que a noção, de fato, não é estática nem linear, mas há um movimento complexo que se modifica ao longo do processo e de suas relações históricas.

O movimento intelectual do sujeito parte da aparência ou do fenômeno para alcançar a estrutura íntima e dinâmica do objeto, ou seja, sua essência. O pesquisador extrai do objeto suas modalidades de movimento e não introduz nada do que ele pretende ou pensa do objeto.

Mencionamos o termo *movimento* como sendo central no pensamento de Marx. Ele fala de extrair do movimento o objeto.

Perceber o mundo e, principalmente, qualquer ser como movimento tem sido, nos últimos anos da história do pensamento, a principal questão levantada por alguns filósofos. Ver o mundo, a realidade e o ser como movimento – a essa ideia, os filósofos chamam de *devir*.

Por *devir*, os filósofos entendem o movimento que está implícito no ser, no mundo e, por assim dizer, também na história da humanidade. Na época de Marx, um filósofo que tratou do movimento da realidade e da história foi Hegel. Para fundamentar a sua ideia sobre movimento, Hegel buscou, no sentido da dialética que os gregos utilizavam, uma forma discursiva retórica para compreensão do conhecimento da realidade. Basta ver, por exemplo, um filósofo antigo da Grécia, de que já ouvimos falar, chamado *Sócrates*. Ele utilizou o método dialético, que também ficou conhecido pela tradição filosófica como *método socrático*.

Esse método de investigação da realidade é visto de forma dialética, ou seja, por meio de um diálogo, onde cada resposta constitui a base para formular outra pergunta, que gera nova resposta, levando o aprendiz à constatação de uma realidade ainda não conhecida. Nesse processo, o aprendiz torna-se consciente das contradições que estão presentes no modo de conhecer, bem como do sistema de valores e preconceitos de uma determinada sociedade, elevando o aprendizado a uma autonomia do pensamento.

Ao se apropriar do sentido da dialética grega, Hegel introduziu uma nova dinâmica na forma de pensar o mundo, a realidade e a história. Assim, a dialética se tornou o modo de pensar o mundo em contraposição à ideia do racionalismo lógico. Nessa concepção da realidade, o conhecimento é construído com base em uma lógica do raciocínio. Hegel, ao entender o ser como movimento, inclui a dialética como método para pensar o mundo enquanto movimento.

Hegel é conhecido como filósofo idealista. Isso significa que, ao pensar a realidade, ele coloca, em primeiro plano, o pensamento, a ideia ou, para usar uma expressão do próprio Hegel, o *espírito*. Assim, a realidade é construída fundamentada na ideia; por isso, *idealista*.

No movimento contrário da dialética, Marx constrói o seu conhecimento com base naquilo que ficou conhecido como *materialismo*, ou seja, ao contrário de Hegel, que parte da ideia para chegar à realidade, Marx parte da realidade material para chegar à ideia.

Dito de outra forma: o conhecimento começa com a experiência, mas, para constatar a veracidade da realidade dos fenômenos, é necessário fazer uma crítica rigorosa àquilo que percebemos da realidade por meio da dialética, para, assim, chegar à essência do movimento do objeto e, desse modo, reproduzir esse movimento no mundo da ideia.

Ao finalizarmos este tópico, você pode se perguntar: Por que é importante conhecer o pensamento desses três teóricos apresentados? De que forma esses pensadores podem ajudar no processo de pesquisa que fazemos para a construção de um trabalho de conclusão de curso (TCC)?

O que podemos perceber em comum entre esses três pensadores, apesar de suas particularidades, é que eles procuram construir um conhecimento para explicar e compreender um fenômeno. Quando recorremos a eles, dizendo que construíram uma teoria, estamos fazendo referência a um conhecimento anterior, o qual lança uma luz sobre a nossa pesquisa. A essa busca anterior do conhecimento chamamos de *teoria*, que, na aplicação concreta da pesquisa, também é chamada de *referencial teórico*. A palavra *teoria* tem origem no verbo grego *theo-orion*, que significa "ter um olhar divino". No caso da pesquisa e do conhecimento, *olhar divino* significa conhecer a essência das coisas, da realidade e do mundo.

A teoria, como tal, possui **funções** muito importantes. A primeira delas diz respeito ao **objeto de investigação**. Ao utilizarmos uma teoria para investigar um objeto, temos a necessidade de um melhor esclarecimento do funcionamento desse objeto. A teoria vem nos auxiliar, por meio de seus conceitos, para que possamos entender e nomear a dinâmica que ocorre entre um ou mais fenômenos.

Uma segunda função da teoria refere-se à **problematização do objeto de pesquisa**. Esclarecida a dinâmica do fenômeno, cabe a nós a tarefa de problematizar. A teoria nos auxilia na formulação de perguntas e hipóteses de modo mais claro e apropriado. Isso se deve ao fato de que as nossas perguntas não são feitas de modo aleatório e sem fundamentos. As perguntas ou hipóteses estão fundamentadas em uma teoria sobre um problema ou, ainda, sobre uma hipótese já feita por algum teórico.

Uma terceira função da teoria é nos dar **maior clareza** na organização dos dados levantados. Dessa forma, conseguimos compreender melhor o que esse levantamento significa e o que representa sobre a realidade a ser pesquisada.

Uma quarta função da teoria é **iluminar a análise que fazemos dos dados organizados**, embora, aqui, caiba ressaltar que sempre deverá ser resguardada a criatividade por parte do pesquisador. Lembramos sempre que a teoria nos auxilia, nos orienta, mas uma boa parcela do sucesso da pesquisa deve-se à capacidade criativa do pesquisador em organizar e sistematizar a teoria e os dados levantados sobre a pesquisa realizada.

Com base no exposto, compreendemos a originalidade do pesquisador: ao fazer uso de criatividade, o pesquisador encontra novas respostas ou hipóteses para problemas que já foram levantados por outros teóricos/pesquisadores de outros tempos, mas que, agora, pela dinamicidade da realidade, exige novas maneiras de compreensão e respostas condizentes com os problemas enfrentados na atualidade.

2.2 Métodos de pesquisa em Ciências Sociais

No tópico anterior, estudamos alguns conceitos básicos de três teóricos que lançaram fundamentos para compreendermos hoje as Ciências Sociais. Pudemos perceber como cada um desses pensadores, ao refletirem sobre a realidade, colocaram em destaque aquilo que vamos chamar de *filosofia da vida*. *Filosofia* entendida não como um conjunto de conteúdos que se estuda no curso específico de Filosofia, mas um modo de pensar a realidade e dar respostas aos problemas que queremos enfrentar.

Os teóricos, independente da resposta que deram aos problemas, possuíam um modo de conhecer a realidade e de interpretá-la, e esse fato se tornou indispensável para que pudessem criar seu método, a fim de dar uma resposta criteriosa e fundamentada à realidade interpretada.

Com base nessa visão, cada um dos teóricos apresentados produziram, segundo seu modo de pensamento, ou sua filosofia, uma maneira de interpretar a realidade e de dar respostas a problemas sobre as questões sociais e de relação entre os sujeitos. A essa proposta de interpretação e de respostas chamaremos de **método**.

A palavra método tem origem no grego e significa "conduzir a um caminho" ou, ainda, "mostrar o caminho". No campo da pesquisa, compreender a noção de método é essencial para o desenvolvimento de um objeto (problema) a ser investigado.

Outra palavra que decorre do conceito de método é *metodologia*.

Segundo Minayo (2007, p. 14), a definição de *metodologia*, de um modo geral, é "o caminho do pensamento e a prática exercida na abordagem da realidade". Ou seja, a metodologia inclui, simultaneamente, a teoria da abordagem (o método), os instrumentos de operacionalização do conhecimento (as técnicas) e a criatividade do pesquisador (sua experiência, sua capacidade pessoal e sua sensibilidade). "Nesse sentido, a metodologia ocupa um lugar central no interior das teorias e está sempre referida a elas" (Minayo, 2007, p. 14).

Mas esse assunto é ainda tema de discussões e de opiniões diferentes. Assim, a pesquisa deve ser vista como um processo que se complementa, pois, para a autora, *método* é a teoria utilizada na abordagem, que, associada às técnicas de pesquisa, formam a metodologia, juntamente com a criatividade do pesquisador.

A estratégia a ser utilizada em qualquer pesquisa deve estar fundamentada em pressupostos que definam o ponto de vista que o pesquisador tem do mundo que o rodeia. Esses pressupostos é que dão suporte ao trabalho científico, pois levam o pesquisador a interpretar o mundo e a realidade com base em uma perspectiva. O pressuposto, necessariamente, deve ser identificado em relação ao ser humano, à sociedade e ao mundo.

2.3 O positivismo

De grande influência no pensamento ocidental, o positivismo nasceu na primeira metade do século XIX, no momento em que as Ciências Naturais, como o darwinismo, adquiriram importância significativa. A ideia principal do positivismo é constatar, por meio do método experimental, a verdade, que, depois de comprovada, torna-se certeza da realidade. Imaginação e argumentação estão subordinadas à observação; considerando-se as observações, o conhecimento apenas poderá prever os fatos isolados.

Além disso, existe uma ordem natural que os homens não podem alterar; portanto, cientistas apenas podem interpretar a natureza de uma maneira geral.

Para isso, o positivismo acredita na existência de uma ordem natural com leis que a sociedade deve seguir. Sem poder estudar a realidade na sua totalidade, no positivismo, estudam-se os dados individuais.

A base da teoria positivista está em utilizar o método indutivo, por meio do qual partimos das experiências particulares para chegarmos às ideias universais.

Nas Ciências Sociais, o positivismo tem sido objeto de críticas. A primeira crítica consiste na sua concepção de ciência, que é idealista, alegando que o indivíduo não é um ser histórico; a segunda refere-se aos fenômenos sociais, afirmando que é impossível aplicar modelos às Ciências Exatas e da Natureza; a terceira pergunta se o positivismo estuda os fenômenos e aparências, sem se preocupar com a essência; a quarta crítica argumenta que o positivismo não se preocupa com os processos de conhecimento, pois o que interessa são os resultados.

2.3.1 Serviço Social e o positivismo

Para compreender a influência do positivismo no Serviço Social, é importante, *a priori*, entender o que ele é. Existem duas premissas básicas que estruturam essa teoria. A primeira delas é que a sociedade é regida por leis naturais, invariáveis, independentes da vontade e da ação humana; a segunda é que a sociedade pode ser estudada pelos mesmos métodos e processos empregados pelas Ciências da Natureza: "As ciências da sociedade, assim como as da natureza, devem limitar-se à observação e à explicação causal dos fenômenos de forma objetiva, neutra, livre de julgamentos de valor ou ideologias" (Löwy, 2009, p. 23).

Para Löwy (2009), os fenômenos econômicos são frequentemente citados por Comte como leis naturais invariáveis, referindo-se à concentração do capital. O autor afirma:

> Otimista, Comte parece, por outro lado, convencido que "os proletários reconhecerão, sob o impulso feminino, as vantagens da submissão e de uma digna irresponsabilidade" [sic] graças à doutrina positivista que "há de preparar os proletários para respeitarem, e mesmo reforçarem, as leis naturais da concentração do poder e da riqueza". (Löwy, 2009, p. 28)

Para exemplificar a influência dessa corrente no Brasil, o lema "Ordem e Progresso" da nossa bandeira relaciona-se com o positivismo: "O Amor por princípio; a Ordem por base; o Progresso por fim" (Comte, 1978, p. 173). Augusto Comte diz que o progresso só é possível se tiver a ordem.

Percebe-se uma naturalização das desigualdades sociais sob um discurso pseudocientífico. O autor comenta a problemática do axioma da "neutralidade valorativa e o condicionamento histórico social". Embora possamos observar uma visão valorativa burguesa, a concepção "científica" agrega o *status* de uma teoria "desinteressada". A análise histórica não é considerada nessa teoria e a sociedade é analisada como "coisa", a exemplo das Ciências da Natureza. Löwy (2009, p. 37) faz uma severa crítica a esse aspecto da visão positivista:

Na realidade, a "boa vontade" positivista enaltecida por Durkheim e seus discípulos é uma ilusão ou uma mistificação. Liberar-se por um "esforço de objetividade" das pressuposições éticas, sociais ou políticas fundamentais de seu próprio pensamento é uma façanha que faz pensar irresistivelmente na célebre história do Barão de Münchhausen, ou este herói picaresco que consegue, através de um golpe genial, escapar ao pântano onde ele e seu cavalo estavam sendo tragados, ao puxar a si próprios pelos cabelos... Os que pretendem ser sinceramente seres objetivos são simplesmente aqueles nos quais as pressuposições estão mais profundamente enraizadas. (Löwy, 2009, p. 37)

Dessa forma, considerando o papel ideológico para a implantação do capitalismo, observamos que a ciência não é desinteressada. Behring e Boschetti (2006, p. 30) ressaltam a influência dessa teoria nos dias de hoje:

> Contudo, a influência dessa forma de pensar perdura até os dias de hoje no campo do pensamento social e, em tempos neoliberais, talvez estejamos vivendo um certo *revival*. Exemplo disso é o resgate da ideia durkheimiana de anomia para a explicação das transformações contemporâneas, que seriam uma espécie de condição mórbida e patológica geral da sociedade, marcada pela desagregação e pelo desequilíbrio social, manifesto pela incapacidade da sociedade de exercer sua ação sobre os indivíduos, levando a disfunções e conflitos.

No Serviço Social, essa corrente tem um papel ideológico fundamental para a manutenção do *status quo*. Podemos perceber a influência dela no conteúdo histórico apresentado por Balbina Ottoni Vieira (1981), uma das precursoras do Serviço Social no Brasil. A autora discorre sobre a evolução do Serviço Social com indivíduos, afirmando que "o cliente é a unidade familiar" (Vieira, 1981, p. 48). Em seguida, apresenta o caráter promocional do atendimento com indivíduos.

> O objetivo do tipo promocional é "capacitar o indivíduo para superar ou prevenir suas dificuldades atuais e outras que virão a surgir, e resolver seus problemas de modo a alcançar o máximo de satisfação pessoal e melhor integração social". O objeto é a situação social problema que se quer transformar e o sujeito do processo, o próprio cliente, por sua vez, ajudado por um agente – um assistente social – para a transformação da situação. (Vieira, 1981, p. 49)

Podemos perceber a linguagem positivista no caráter individual do atendimento e na "integração social", ou seja, não são considerados os fatores históricos. Essa visão determina o objeto da profissão desde a sua gênese. No início da profissão, o objeto é visto como o homem, mas o homem "incapaz, o homem pobre" (Machado, 1999, p. 40). Na década de 1970, o objeto se coloca como a situação social problema, com base na visão de Vieira (1981) e no proposto no Documento de Araxá[1]. Percebe-se uma visão de atendimento centrada no indivíduo, cujos problemas decorrem de disfunções que o "cliente" deve superar.

> Assim, é que, no início do Serviço Social no Brasil, em 1937, o objeto definido era o homem, mas um homem específico: o homem morador de favelas, pobre, analfabeto, desempregado etc. Enfim, entendia-se que esse homem era incapaz, por sua própria natureza, de "ascender" socialmente. Daí que o objeto do Serviço Social era este homem, tendo por objetivo moldá-lo, integrá-lo aos valores, moral e costumes defendidos pela filosofia neotomista. Posteriormente, o Serviço Social ultrapassa a ideia do homem como objeto profissional. Passa-se à compreensão de que a situação deste homem – analfabeto, pobre, desempregado etc. – é fruto, não só de uma incapacidade individual, mas, também, de um conjunto de situações que merecem a intervenção profissional. O objeto do Serviço Social se coloca, então, como a situação social problema. (Machado, 1999, p. 40)

Desse modo, o objeto do Serviço Social passa a uma noção mais ampla da realidade em que vive o homem e a complexidade de situações que o envolvem para então encontrar nessa complexa realidade o agir do assistente social.

---

1 Foi realizado o Seminário de Araxá em Minas Gerais, na época da ditadura militar, e produzido um documento com um viés positivista, considerando serviços como atendimento direto, indireto e corretivo, destinado a pessoas, grupos, comunidade, populações e organizações.

2.4 A fenomenologia

Dentro da abordagem dos métodos de pesquisa nas Ciências Sociais, a fenomenologia representa uma tendência do idealismo filosófico ou, ainda, do denominado *idealismo subjetivo*. Abordaremos, neste tópico, a fenomenologia com base em seu idealizador, Edmund Husserl.

Essa corrente de pensamento foi muito utilizada após a Segunda Guerra Mundial, especialmente no pensamento existencialista. As origens da Filosofia de Edmund Husserl (1859-1938) estão principalmente apoiadas em Platão, Leibnitz, Descartes e Brentano, o qual desenvolveu o conceito de intencionalidade. Segundo Brentano, a nossa psique sempre está dirigida para algo intencional.

No início de seus estudos, Edmund Husserl quis fazer da filosofia uma ciência rigorosa. Mais tarde, investigou a realidade com base no mundo vivido pelos sujeitos considerados isoladamente. Para alcançar seu objetivo, Husserl falou da redução fenomenológica. Nessa ideia, o fenômeno se apresenta puro, sem interferência da subjetividade, como os elementos pessoais e a cultura, chegando ao nível de fenômenos que ele chamou de *ciência*. Assim, a fenomenologia é compreendida como método e como modo de ver o fato.

O que é *fenomenologia*?

Podemos entender *fenomenologia* como o estudo das essências e dos problemas que a esse tema se atribui. A ideia básica da fenomenologia está na sua noção de intencionalidade. A intencionalidade da consciência é a que se estabelece na relação objeto-sujeito, ou, ainda, como a consciência se dirige ao objeto que se está investigando.

Segundo esse pensamento, a realidade se apresenta antes da reflexão com uma presença, cujo esforço está em encontrar esse contato com o mundo para elevá-la a um *status* filosófico. Segundo Ponty (1971, p. 5, citado por Holzer, 2016, p. 95):

"É uma descrição direta da nossa experiência tal como ela é, sem nenhuma consideração com sua gênese psicológica ou com as explicações causais".

Trata-se de descrever, e não de explicar, nem de analisar. Essa é a primeira conotação que Husserl dava à fenomenologia. Em outras palavras, podemos resumir a ideia da fenomenologia como tudo o que sabemos do mundo, mesmo que seja pela ciência, pois estamos cientes de que, sem nossa visão pessoal ou sem uma experiência do mundo, os símbolos da ciência nada significariam. Assim, segundo Husserl, as essências são dadas intuitivamente.

2.4.1 Serviço Social e fenomenologia

Na década de 1960, os assistentes sociais discutiram a possibilidade de romper com a visão conservadora da profissão por meio da matriz teórica da fenomenologia. Essa vertente ficou conhecida como *reatualização do conservadorismo*. A representante dessa visão é Anna Augusta de Almeida e sua principal obra é o livro *Possibilidades e limites da teoria do Serviço Social*, publicado em 1978.

A autora desenvolveu os seguintes aspectos referentes à fenomenologia:

- a realidade do homem no seu mundo da vida (onde ele vive);
- a realidade dialógica nas relações, vista como agente de mudança social.

Nessa proposta, o objetivo é dar condições para que a pessoa que busca uma resposta possa também ter meios para desenvolver seu conhecimento.

Assim, "nesta concepção, há uma grande valorização da elaboração teórica, e a ênfase recai na interdição do empirismo e do praticalismo, ressaltando-se como primordial o investimento na cognição" (Netto, 1991, p. 203).

Porém, o autor explicita uma contradição no discurso profissional: "No mesmo movimento, os representantes desta perspectiva recusam-se a passar a ideia de que seu labor teórico é asséptico: afirmam clara e nitidamente os seus valores e objetivos profissionais. Os primeiros são, sintomaticamente, cristãos [...]" (Netto, 1991, p. 205).

O autor, ao destacar os clássicos da fenomenologia, ou seus autores originais (como Husserl), mostra a falta de relação entre os autores representativos da vertente de reatualização do conservadorismo a essas fontes originais: "no apelo à inspiração fenomenológica desta perspectiva renovadora brasileira, é assombrosa a absoluta falta de mínimas referências às problematizações de que as posturas, propostas, categorias e procedimentos fenomenológicos foram e são objetos" (Netto, 1991, p. 213).

No entanto, existem várias críticas a essa vertente, entre elas estão as seguintes:

- por não estar vinculada a um projeto de sociedade, vai na contramão do que as propostas das práxis do Serviço Social apresentam como tendência na realidade brasileira;
- as propostas transformadoras estão ligadas ao processo de conhecimento individual, mas carecem de um aspecto mais crítico sobre a construção histórica do processo.

Ao final, temos a conclusão de Guedes et al. (2005) com relação a essa vertente:

> Os autores que recorrem à fenomenologia e à filosofia existencial como subsídios para a prática profissional associam, de forma idealizada, a transformação social às atitudes pessoais que se configuram na relação entre assistente social e usuário. Recorrem a reflexões críticas, como por exemplo as de Paulo Freire, mas as esvaziam da criticidade que apresentam em relação à necessária transformação da realidade social. Tendem, nesse compasso, a valorizar princípios abstratos, como o da autodeterminação, elegendo-os como centrais na orientação profissional e selam tendências a circunscrever-se em análises sobre os componentes internos do Serviço Social, como se esta profissão tivesse um estatuto próprio, independente das determinantes sócio-históricas que recaem sobre as requisições de sua prática profissional. Reafirmam a inscrição do Serviço Social em projeto social de cunho conservador. (Guedes et al., 2005)

Enfim, essa vertente teórica, na busca de romper com o conservadorismo, naquele momento histórico, apresentou um ponto de vista que também propôs uma visão conservadora, ainda voltada para um pensamento humanista cristão. A fenomenologia, porquanto procurasse ressaltar os fenômenos como observados na vida do homem, não contemplou o elemento mais crítico dessa realidade, permanecendo, assim, numa visão conservadora que somente constatou o dado sem buscar saber o porquê e como se chegou a essa construção histórica da vida e da realidade do usuário.

2.5 Marxismo

Nem sempre é tão simples e fácil abordar a questão metodológica nas Ciências Sociais, mas, ao se aproximar desse objeto de pesquisa, deve-se tratar de modo sério o problema da metodologia. Embora alvo de críticas e desavenças, a formulação da teoria de Marx passa pelo conhecimento histórico com o qual ele estava envolvido em seu tempo, mas numa perspectiva crítica.

Em função disso, cabe um esclarecimento sobre o sentido de crítica. O conhecimento vulgar de crítica diz respeito ao ato de se posicionar diante do conhecimento existente para recusar ou, ainda, distinguir o que é bom e o que é mau.

Para Marx, ao contrário de Hegel, não é a consciência que determina a vida, e sim a vida que determina a consciência. Essa nova perspectiva altera o método de análise da realidade. O método crítico-dialético procura uma perspectiva relacional entre sujeito e objeto; desse modo, esse método traz uma proposta inovadora e diferente daquela apresentada pelo positivismo (estuda uma parte da realidade) e pelo idealismo (acredita que a consciência produz a realidade). No método crítico-dialético, os fenômenos são estudados com base na ideia de totalidade para ser revelado o processo contraditório e complexo no qual se constitui o objeto, sempre tendo como perspectiva o contexto em que este está inserido.

Outra novidade do método crítico-dialético é a noção de que o fato não é visto como coisa, mas como algo complexo e que está em constante transformação ao longo do seu processo e de suas relações históricas. Assim, nessa perspectiva, não basta descrever os fatos históricos ou classificar uma determinada realidade dizendo como ela se manifesta. Isso porque a simples análise pode ficar apenas na aparência dos fatos e não alcançar a sua essência.

Mas como se dá a aplicação do método crítico-dialético, segundo a visão de Marx?

Ao nos aproximarmos de uma realidade que se manifesta aos nossos sentidos, procuramos apreender alguns aspectos que são particulares a esse fenômeno que está sendo estudado. Marx chama essa aproximação de "conceitos mais simples", cujo objetivo é ter uma precisão efetiva das particularidades do fenômeno. Com base nesses conceitos mais simples, que nos ajudam a delimitar o fenômeno, conseguimos chegar cada vez mais às ideias. Isso porque eles nos aproximam cada vez mais da essência do fenômeno.

Em outras palavras, à medida que nos aproximamos dos elementos do fenômeno e conseguimos abstrair sua dinâmica, vamos tendo uma percepção mais clara e precisa de como esses elementos se relacionam entre si e constituem o todo da realidade. Isso não quer dizer que chegaremos a uma verdade inquestionável, mas a uma aproximação mais precisa da realidade.

Feita essa aproximação, é necessário retornar ao ponto de partida de onde se iniciou o processo de investigação do fenômeno, para perceber que agora não é mais a representação caótica de um todo, mas uma totalidade de determinações e de uma complexa rede de relações.

Ao mencionar esse processo, Marx o chama de "síntese de múltiplas determinações". No começo, percebemos somente a aparência, um fenômeno que se revela caótico; porém, depois de analisar as várias manifestações do fenômeno, é possível conhecê-lo melhor. Assim, chegamos ao conceito de concreto, que é a síntese de múltiplas determinações ou, ainda, a unidade da diversidade.

Com base nessa dinâmica, o método crítico-dialético possibilita mostrar a realidade contraditória e complexa que cerca o objeto, estudando o contexto no qual ele está inserido. O que se busca por meio desse método é chegar à unidade sujeito-objeto tendo como base a produção humana daquilo que o homem é capaz de transformar no decorrer da história.

Não podemos deixar de mencionar, no método histórico-dialético, as categorias, que são instrumentos utilizados para uma melhor aproximação do fenômeno a ser analisado. Esses instrumentos, que chamamos de *categorias*, são fundamentais para entendermos os processos sociais.

A primeira categoria a ser analisada é a **totalidade**. Dessa forma, pretende-se levar em conta as conexões internas que estão relacionadas aos fenômenos, evitando a ideia de uma causa linear em que se observa somente a sua aparência. Por meio dessa categoria da totalidade, é possível interpretar a realidade social, percebendo diferentes aspectos da realidade, mas, ao mesmo tempo, fazendo uma leitura crítica das transformações que historicamente sucederam a realidade objetiva.

Embora seja uma parte do fenômeno estudado, essa parte está relacionada ao todo – isto é, a um todo que passou por um processo de transformação ao longo de sua história. O todo e a parte estão intimamente ligados e um explica o outro no movimento dialético.

A segunda categoria a ser analisada refere-se à **mediação**. As relações que se dão entre os diferentes aspectos de um fenômeno e suas conexões acontecem por meio de intermediários. A mediação é entendida dentro do contexto das relações que o homem estabeleceu com a natureza na sua dinâmica histórica, assim como a relação social que decorre desse processo. Para se aproximar da natureza e compreendê-la, o homem cria mediações para essa relação.

Embora o método crítico-dialético estabeleça uma separação das partes de um todo, esse isolamento somente se dá com a finalidade de conhecer o fenômeno estudado. Nós já sabemos que a realidade constitui um todo. Dessa forma, a categoria *mediação* tem uma tarefa primordial para compor as mediações onde o objeto está inserido.

A mediação, muitas vezes, acontece na relação de contrários. Esta é a terceira categoria a que nos referimos: a **contradição**.

Ao contrário do que pode parecer, a categoria da *contradição* não significa que os elementos do fenômeno se anulam. Por isso, no processo de pesquisa, procura-se o movimento e a ligação da relação dos contrários, uma vez que os polos, mesmo sendo contrários, estão relacionados. Não se pretende buscar explicações causais perfeitas para acabar com as tensões dos contrários, mas captar o movimento do real e suas múltiplas determinações, mesmo que estas sejam constituídas também de movimentos contrários entre si.

2.5.1 Serviço Social e marxismo

Nos anos subsequentes à ditadura militar e devido às mudanças na sociedade brasileira, tem-se uma nova condição sobre a formação do assistente social e sua prática profissional. Novas necessidades surgiram e, em decorrência disso, a pesquisa assumiu papel preponderante na formação acadêmica, a partir de 1970, com os cursos de pós-graduação. Na metade da década de 1980, as revisões curriculares foram dando destaque cada vez maior à pesquisa também nos cursos de graduação.

Nesse processo de aproximação do pensamento marxista no Serviço Social brasileiro, podemos perceber dois momentos: o primeiro, que vai do fim dos anos 1970 até o final dos 1980, e o segundo, que se inicia na sequência e se prolonga até hoje.

No primeiro período, estão relacionados dois momentos históricos: os momentos finais da ditadura e o aparecimento de manifestações democráticas. Nesse contexto de início de abertura, a teoria social de Marx começou a encontrar espaço nas reflexões acerca do exercício profissional.

No segundo momento, houve o ressurgimento de uma linha neoconservadora, que influencia sobremaneira as teorias das Ciências Sociais. Essa constatação coloca a teoria social de Marx num segundo plano nas reflexões do Serviço Social. De qualquer modo, o pensamento marxiano conseguiu elevar as pesquisas em Serviço Social ao *status* de notoriedade e de verdadeira inserção e transformação da realidade, bem como de uma nova maneira de compreender o conhecimento.

Apontamos, a seguir, algumas considerações que orientam a pesquisa em Serviço Social e que influenciam o processo de formação profissional do assistente social.

Em primeiro lugar, o profissional necessita ter uma visão global da dinâmica social concreta. Para isso, precisa conjugar o conhecimento do modo de produção capitalista com a sua particularização na nossa sociedade, ou seja, na formação social brasileira. O assistente social não é (nem pode ser) um economista nem um especialista em História; porém, não compreenderá de forma adequada nem mesmo os problemas mais imediatos que se põem diariamente à sua atuação profissional se não tiver aquela visão que demanda o estudo atento de determinados textos de introdução à economia política e de alguns historiadores brasileiros – sempre com a preocupação de trazer à atualidade os resultados a que tiver acesso. Bem conduzido e atualizado, esse estudo propiciará ao profissional o conhecimento da natureza de classe do Estado brasileiro e da nossa estrutura social. Levando-se isso em consideração, é supérfluo destacar que o curso de graduação deve oferecer os conteúdos mais essenciais desse estudo (Netto, 2011).

Em segundo lugar, o profissional precisa encontrar as principais mediações que vinculam o problema específico com que se ocupa às expressões gerais assumidas pela "questão social" no Brasil contemporâneo e às várias políticas sociais (públicas e privadas) que se propõem a enfrentá-las (Netto, 2011).

O conhecimento dessas políticas sociais (que implica, antes de tudo, o conhecimento das suas fontes e formas de financiamento) é indispensável para o profissional contextualizar a sua intervenção; e a determinação das mediações mencionadas possibilita apreender o alcance e os limites da sua própria atividade profissional. Essas exigências são postas a todo profissional interessado na compreensão da sua atividade para além do seu dia a dia: dada sua alocação social e profissional – seja no planejamento, seja na gestão, seja na execução –, nenhum assistente social pode pretender qualquer nível de competência profissional, prendendo-se, exclusivamente, aos aspectos imediatamente instrumentais e operativos da sua atividade (Netto, 2011).

Em terceiro lugar, ao profissional cabe apropriar-se criticamente do conhecimento existente sobre o problema específico com o qual se ocupa. É necessário dominar a bibliografia teórica (em suas diversas tendências e correntes, além de suas principais polêmicas), a documentação legal, a sistematização de experiências, as modalidades das intervenções institucionais, as formas e organizações de controle social, o papel e o interesse dos usuários e dos sujeitos coletivos envolvidos etc. Também é importante, nesse passo, ampliar o conhecimento sobre a instituição/organização na qual o próprio profissional se insere (Netto, 2011).

Síntese

Neste capítulo, que trata da abordagem sobre a teoria das Ciências Sociais, mencionamos alguns autores que estabeleceram o que hoje se entende como *Ciências Sociais*, dentre eles: Durkheim, com o método comparativo, que busca a semelhança entre os fenômenos; Max Weber, com sua sociologia compreensiva, que pretende avaliar a realidade enquanto valorativa; e Karl Marx, com sua teoria social, que procura estabelecer, com base na realidade, a reprodução ideal do movimento do objeto numa dialética crítica.

Em seguida, refletimos sobre os métodos de pesquisa social e como estes influenciaram (e influenciam) o Serviço Social no Brasil. Iniciamos pelo positivismo, com seu método científico, exemplo das Ciências da Natureza, que vê, na sucessão da história, o movimento lógico de causa e efeito. No Serviço Social, o positivismo teve, sob base conservadora, um papel ideológico de manter a manutenção do *status quo.*

A fenomenologia representou o idealismo filosófico, que colocava em destaque a consciência do sujeito e sua intencionalidade. No Serviço Social, esse método ajudou a reforçar o conservadorismo, estando a intervenção orientada ao sujeito sem uma conexão com a realidade histórico-social.

Por fim, o método crítico-dialético, que procurou uma perspectiva relacional entre sujeito e objeto, numa dialética em que os fenômenos são estudados com base na ideia de totalidade. O objeto é abordado como um processo contraditório e complexo, razão por que é visto no contexto histórico-crítico. No horizonte mais recente da pesquisa social, o método histórico-dialético ajuda na compreensão das forças de poder do capitalismo e como essas forças influenciam e determinam a estrutura social. Ainda, com base na teoria social, houve uma grande evolução da pesquisa, elevando o Serviço Social à categoria de produção de conhecimento.

Para saber mais

CUNHA, F. **Marx, Durkheim e Weber** – Clássicos da Sociologia (documentário). Publicado em: 20 jun. 2013. Disponível em: <https://www.youtube.com/watch?v=eQzR7PuWvcU&t=2608s>. Acesso em: 8 jun. 2019.

De uma forma bem atualizada, esse documentário expõe os conceitos principais dos autores clássicos que deram origem a um modo de pensar as Ciências Sociais. O que dá o tom interessante ao documentário é como os estudiosos desses autores abordam o pensamento e as teorias construídas pelos três autores clássicos numa linguagem simples e com exemplos atuais.

Questões para revisão

1. Buscar as semelhanças entre os fenômenos, é característica:

    a) do método analítico.
    b) do método dialético.
    c) do método comparativo.
    d) do método avaliativo.
    e) Nenhuma das respostas anteriores está correta.

2. O método de Marx parte do objeto idealizado no pensamento do sujeito. Em relação aos fatos:

   a) é uma realidade externa que leva o sujeito à ação.
   b) sua noção não é estática nem linear.
   c) somente é realidade se comprovado cientificamente.
   d) somente é possível pela observação do fenômeno.
   e) Nenhuma das respostas anteriores está correta.

3. Assinale a alternativa que apresenta o objeto do Serviço Social preconizado por Balbina Ottoni Vieira (1981) e que tem uma grande influência da visão positivista:

   a) O homem.
   b) A situação social problema.
   c) As expressões da questão social.
   d) A transformação social.
   e) Nenhuma das respostas anteriores está correta.

4. No seu entendimento, quais são os avanços e retrocessos da fenomenologia para o Serviço Social brasileiro?

5. Leia outras fontes e aponte a importância do método de Marx para a pesquisa em Serviço Social.

Questões para reflexão

1. Aponte algumas características que orientam a pesquisa em Serviço Social e que influenciam no processo de formação profissional do assistente social, pensando na sua prática de estágio.

   Dica: Procure conhecer as produções de seu(sua) supervisor(a) e as práticas de pesquisa institucionais.

2. Pense em qual foi a influência do positivismo para o Serviço Social e se essa relação ainda permanece na prática profissional.

   Dica: Consulte os códigos de ética antigos da profissão e compare a linguagem que era utilizada e o que o discurso desses documentos mostra em relação à visão dos profissionais nesses momentos históricos.

3. O que José Paulo Netto (1991) fala sobre a influência da fenomenologia no Serviço Social?

   Dica: Veja a vertente "Reatualização do conservadorismo", do autor, no livro *Ditadura e Serviço Social*, e pontue as características dessa incursão da fenomenologia no Serviço Social.

4. O lema "Ordem e Progresso" da nossa bandeira relaciona-se com o positivismo: "O Amor por princípio; a Ordem por base; o Progresso por fim". Pesquise sobre a história da bandeira e sobre essa influência no dia a dia da população brasileira.

   Dica: Pense nas características desse tempo histórico, relacionando-as com a visão positivista.

5. Por que é importante conhecer a metodologia para desenvolver a pesquisa em Serviço Social?

   Dica: Pense no conceito de metodologia e relacione-o com a pesquisa.

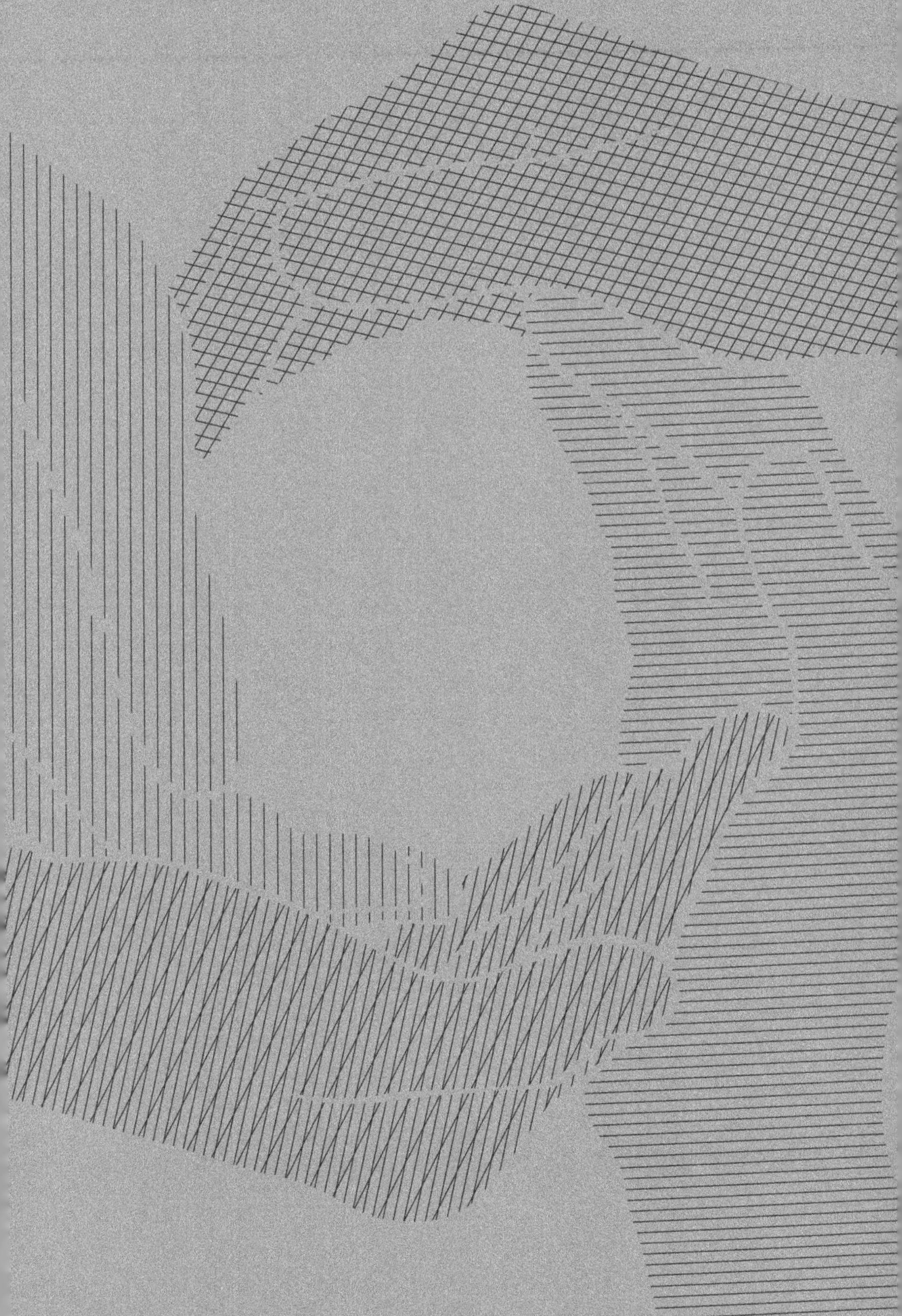

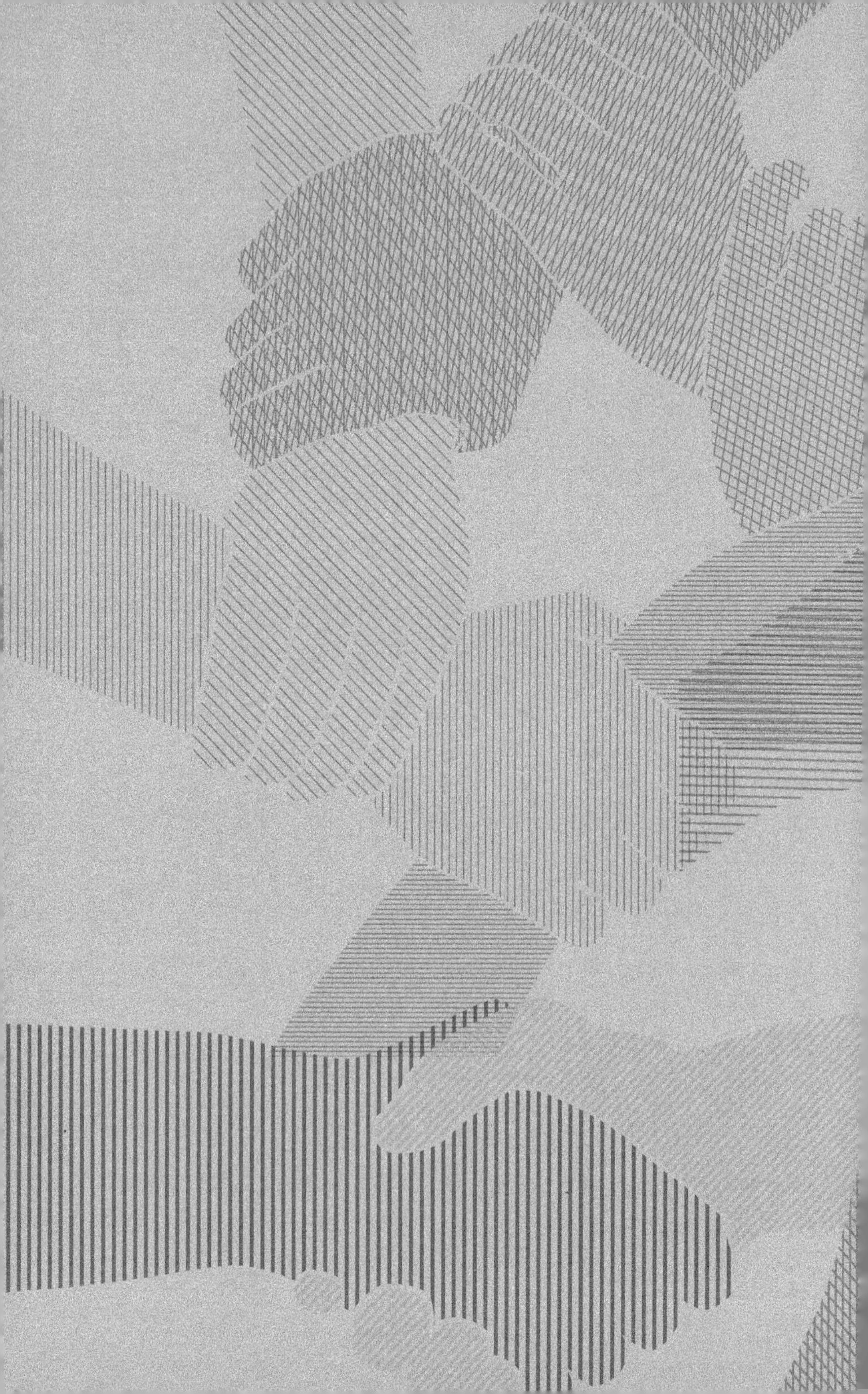

CAPÍTULO 3

A pesquisa e a linguagem no Serviço Social

Conteúdos do capítulo

- Linguagem e formação de conteúdo.
- A leitura das referências bibliográficas: conceitos de Bakthin e a relação com o Serviço Social.
- O significado do discurso dialógico e sua relação com a pesquisa em Serviço Social.
- Dicas para melhorar seu texto.
- Ética na pesquisa.

Após o estudo deste capítulo, você será capaz de:

1. relacionar os conceitos de linguagem à profissão de Serviço Social;
2. reconhecer conceitos básicos de Bakthin, relacionando-os com a produção da pesquisa no Serviço Social;
3. refletir sobre a pesquisa em Serviço Social, bem como reconhecê-la como uma ferramenta indispensável para a atuação profissional, conferindo a esta uma dimensão intelectual;
4. compreender as formas de melhorar o texto científico para dar qualidade à escrita no trabalho de conclusão de curso (TCC).

3.1 Linguagem e formação de conteúdo

Neste capítulo, queremos dar um passo a mais na compreensão do que seja pesquisa e como ela se insere na elaboração de um trabalho de conclusão de curso (TCC). Antes, queremos mostrar que a pesquisa é um instrumento, uma ferramenta na construção do TCC.
No início do primeiro capítulo, mencionamos como os sentidos nos colocam em relação com o mundo. Tudo o que conhecemos e experimentamos entra pelas janelas dos sentidos: audição, visão, tato, paladar e olfato. É uma caixa de ferramentas extraordinária para explorar o mundo e a realidade.
No entanto, a realidade, que é conhecida, perderia seu sentido se não tivéssemos uma capacidade a mais, pois somente observar e absorver o mundo não nos dá muito prazer.
Nesse momento, entra em cena o nosso sexto sentido: o pensamento. Ele dá sabor à realidade, pois, pelo movimento do pensamento, temperamos todos os ingredientes que colhemos da realidade, e isso é algo que somente o ser humano tem.
Aquilo que é próprio dos seres humanos constitui a capacidade de dar um significado às coisas. Temos a capacidade de transformar algo e de nos transformarmos, de sermos diferentes do que somos, ou, em outras palavras, de temperarmos a realidade que é absorvida pelos sentidos. Chamamos essa operação de *raciocínio*, que nada mais é do que pensar a realidade.
Agora, vamos usar nossa capacidade de pensar e imaginar que o TCC é uma casa em construção e que a pesquisa é a escada que nos permite chegar a lugares que não alcançamos somente estendendo o braço. A escada não é a casa, assim como a pesquisa não é o TCC. Construída a casa, a escada não é mais necessária. A escada que fizemos para construir a casa do TCC é formada por muitas interações, por muitas linguagens. Aliás, a língua e, por consequência, sua estrutura elementar, que é a palavra, são a materialização do pensamento. Quando falamos e escrevemos,

enfim, quando nos comunicamos, trazemos à tona a realidade que pensamos. Se você preferir, trazemos à existência algo que antes não existia. Ou será que já existia?

Mas o que move nossos pensamentos? Como eles surgem? É uma capacidade natural e automática o pensamento?

Todos nós empreendemos uma busca que se repete ao longo da história da humanidade e com a qual cada um, de um modo ou de outro, se compromete desde os primeiros anos de vida. É a busca pela resposta a uma pergunta muito simples: "Quem sou eu?". Entretanto, essa resposta não é simples nem fácil de ser alcançada. Exige tempo, dedicação, empenho, como em uma caçada. A maior habilidade do caçador é saber os movimentos e hábitos de sua caça, e esse conhecimento o faz prever o que pode acontecer e, assim, pensar na melhor armadilha para capturá-la. Da mesma forma ocorre com o pensamento, que nos faz imaginar, prever o que pode acontecer para encontrar uma solução.

Até aqui, usamos o termo *pesquisa* para falar dessa busca numa linguagem mais acadêmica; a partir de agora, podemos entender *pesquisa* como construir uma casa, caçar uma presa, encontrar uma solução para um problema ou encontrar nosso lugar no mundo. São todas formas que nos fazem entender que o ponto de partida e o ponto de chegada da pesquisa ou a busca de conhecimento têm seu ápice na célebre frase de Aristóteles "O homem é um animal racional". Mas, como exímios caçadores, podemos ir além dessa frase e pensar em suas consequências e possibilidades.

Podemos ser diferentes do que somos, ou podemos pensar diferente do que pensamos. Mas, existe um porém... O fato de que somos seres racionais, seres com capacidade de pensar não significa que essa operação seja algo automático e de fácil acesso, como ligar/desligar um botão.

Então, a partir de agora, vamos explorar algumas possibilidades que nos auxiliam na nossa capacidade de pensamento e pensar como essas possibilidades potencializam nossas ideias para a construção da escrita do TCC. Afinal, trata-se de melhorar os instrumentos de que dispomos para acessar e trazer à tona nossos pensamentos e, enfim, comunicarmos com clareza o que queremos dizer.

3.2 A leitura das referências bibliográficas: conceitos de Bakthin e a relação com o Serviço Social

Sabe-se que a pesquisa aparece no cenário dessa profissão como um instrumento valioso de análise e intervenção. Mas, apesar disso, o tema da pesquisa aparece em recorrentes discussões sobre sua utilidade para o exercício do profissional. No cotidiano, corre-se o risco de separar teoria e prática, ressaltando a importância da prática em detrimento da teoria.

Assim, buscamos uma interlocução com Mikhail Bakhtin, filósofo da linguagem, para refletir um pouco sobre a linguagem e a pesquisa em Serviço Social, fundamental para a atitude investigativa, sendo que esta não se dá apenas no momento da elaboração do TCC, mas no estágio supervisionado e na articulação de todos os conteúdos apreendidos e debatidos no curso.

Com a proposta de análise de alguns conceitos da filosofia da linguagem de Bakhtin, procuramos dar um respaldo à problematização da utilidade da pesquisa para demonstrar que, longe de ser uma formalidade intelectual, é uma necessidade decorrente do exercício da profissão. A pesquisa é parte integrante e intrínseca da atividade profissional do Serviço Social.

Não pretendemos com nosso enfoque determinar nem esgotar aspectos a serem observados no Serviço Social, mas apresentar a riqueza das ideias de Bakhtin e sua aplicação a um determinado objeto, a saber, a necessidade da pesquisa científica no Serviço Social.

Assim, apresentaremos, brevemente, a concepção bakhtiniana, ressaltando como se operacionalizam as interações sociais pela comunicação, os caminhos da produção científica no Serviço Social, alguns elementos da filosofia da linguagem para enriquecer a apreensão da realidade social, bem como a estimulação desses elementos na produção científica.

Mikhail Bakhtin foi um filósofo da linguagem e crítico literário. Sua vida intelectual caracterizou-se pela elaboração de uma teoria da linguagem que permitisse perceber como se dão as interações dos discursos nos diversos campos da vida e da comunicação.

A comunicação está presente em todos os aspectos da vida e é ela quem permite as interações e a formação das subjetividades. Mas, o fato que põe em relevo a comunicação nos estudos de Bakhtin é que, por esse meio, as necessidades e as intervenções no campo do Serviço Social são trazidas à tona, ou seja, são constituídas por um ato comunicativo.

Uma das opções pela escolha do pensamento de Bakhtin para a proposta deste trabalho é que esse autor destaca o aspecto dialógico da linguagem, por entender que esta possibilita a relação do ser humano com a natureza e entre si.

Ao fazer uma conexão entre o conhecimento científico, a literatura, a religião, a moral e a linguagem, Bakhtin nos aponta para a necessidade de aprofundar os conceitos de enunciação, dialogia e polifonia como aspectos essenciais da teoria da linguagem, como veremos mais adiante. Isso se faz necessário porque a linguagem e os signos não existem somente como parte da realidade, ou seja, eles apontam para outra realidade, uma vez que estão sujeitos à avaliação ideológica numa visão determinada de mundo.

Pelos estudos comprovados, a palavra *signo* é muito importante nos estudos de Bakhtin. Podemos entender o que seja *signo* imaginando um ditado muito conhecido por nós: "Onde há fumaça, há fogo!".

Nos termos *fumaça* e *fogo*, encontramos uma descrição do que seja *signo*. Se nós pensamos que fogo e fumaça são signos, ou seja, modos de expressão de uma realidade, podemos constatar que temos um significado quando aproximamos o sentido que tem a fumaça em relação ao fogo, ou seja, ao observarmos a fumaça no céu, automaticamente dizemos que há fogo.

Outro exemplo muito concreto de signo é quando dialogamos com outra pessoa. Numa conversa entre duas pessoas, notamos claramente o que significa *signo*: as palavras se transformam em frases, que se transformam em texto, o qual, por fim, transforma-se em uma ideia. Quando decodificamos as palavras pronunciadas por outra pessoa, damos um significado a elas, tornando aquela conversa compreensível para nós e para quem nos ouve. Sem compreendermos o que a pessoa quer nos dizer, fica impossível dialogar.

Assim, somente se pode compreender um signo ao aproximá-lo de outros signos já conhecidos, sendo a compreensão uma resposta a um signo por meio de outros signos, formando uma cadeia de comunicação. A isso chamamos de *significado* ou *sentido*.

Para Bakhtin, em toda enunciação acontece uma síntese dialética viva entre psiquismo (consciência) e ideologia, entre vida interior e exterior. O pensamento de caráter cognitivo inicia-se na consciência, mas se apoia no sistema ideológico e submete-se às suas leis. Existe, assim, entre psiquismo e ideologia, uma interação dialética indissolúvel.

Por essa razão, um profissional que se preocupa com os processos e com as demandas de seu interlocutor e ao conversar aborda apenas questões relacionadas ao comportamento desse interlocutor, sem buscar entender o espaço em que ele vive e suas condições de vida nas relações sociais, acabará por concluir que o indivíduo é responsável por tudo o que a ele acontece.

Assim, Bakhtin demonstra que os processos de compreensão dos fenômenos ideológicos não podem se desenvolver sem a participação de um discurso interior (consciência), o qual se faz pela palavra, que é o material semiótico da vida interior e o fenômeno ideológico por excelência. A palavra está em todas as relações entre os indivíduos e se apresenta como sinal indicativo mais sensível das transformações sociais.

Levando-se essas questões em consideração, vamos refletir sobre o conceito de **enunciado**. Quando nos relacionamos, desenvolvemos uma atividade comunicativa que está ligada pelo uso da linguagem. Ressaltamos que o emprego da língua se faz pela utilização de enunciados. Sendo assim, cada indivíduo produz o seu enunciado, mas também cada grupo social constrói seu próprio enunciado, que reflete as condições e a finalidade de um campo da sociedade. Cada enunciado desencadeia uma reação semiótica ideológica que capacita a comunicação, e esse objeto adquire uma significação entre os sujeitos que, por sua vez, compartilham o sentido do objeto. De acordo com Fiorin (2016, p. 28):

> A relação contratual com um enunciado, a adesão a ele, a aceitação de seu conteúdo faz-se no ponto de tensão dessa voz com outras vozes sociais. Se a sociedade é dividida em grupos sociais, com interesses divergentes, então os enunciados são sempre o espaço de luta entre vozes sociais, o que significa que são inevitavelmente o lugar de contradição. O que é constitutivo das diferentes posições sociais que circulam numa dada formação social é a contradição. O contrato se faz com uma das vozes de uma polêmica.

"Bakhtin entende o enunciado como unidade real de comunicação discursiva, sendo cada enunciado um elo na corrente complexamente organizada de outros enunciados" (Corrêa; Ribeiro, 2012, p. 334).

De um modo mais completo, o enunciado é produto da interação de dois ou mais indivíduos organizados socialmente, pois sua natureza é social, assim como social é a natureza da linguagem. Por isso, entendemos que a "enunciação não existe fora do contexto sócio-ideológico, pois cada locutor tem um horizonte social bem definido" (Trevizan, 1995, p. 10). Portanto, a enunciação procede de alguém e se destina a alguém, propondo uma reação e uma réplica.

Por mais que o texto científico vise a objetividade, sempre há uma voz que vai interpretar posicionamentos ideológicos.

O sentido da enunciação não está no indivíduo, nem na palavra, nem nos interlocutores, mas é o efeito da interação entre locutor e receptor, produzido por meio de signos linguísticos, sendo a interação o veículo principal na produção de sentido.

O principal objetivo da teoria de Bakhtin é contra a visão do ouvinte passivo, uma vez que todo ato de comunicação exige uma resposta ativa: o ouvinte deve se tornar falante. Por isso, a palavra está sempre plena de conteúdo ou de sentido ideológico ou vivencial. Quando compreendemos as palavras, somente reagimos diante das que causam em nós uma ressonância ideológica ou que dão um sentido à nossa vida.

Sendo assim, é necessário constatar que a palavra pode exercer um papel complementar porque está acompanhada de um caráter não verbal, como o gesto e a expressão corporal, por meio dos quais a palavra completa o sentido.

Outro conceito importante é que a propriedade mais marcante da língua é o fato de ela ser **dialógica**, ou seja, a linguagem é usada como forma ou como processo de interação. Sob esse ponto de vista, o diálogo compõe-se como característica decisiva da linguagem, por isso o acento que Bakhtin dá à linguagem como interação social, o qual é um produto vivo das condições materiais e históricas de cada tempo. Segundo Fiorin (2006, p. 19),

> todos os enunciados no processo de comunicação, independentemente de suas dimensões, são dialógicos. Neles, existe uma dialogização interna da palavra, que é perpassada sempre pela palavra do outro. Isso quer dizer que o enunciador, para construir um discurso, leva em conta o discurso de outrem, que está presente no seu. Por isso, todo discurso é inevitavelmente ocupado, atravessado pelo discurso alheio. O dialogismo são as relações de sentido que se estabelecem entre dois enunciados.

Esse movimento dialógico da enunciação entre locutor e interlocutor é o que faz a noção de recepção/compreensão ser ativa. O diálogo, em sentido estrito, constitui uma das formas da interação verbal. Podemos dar um sentido mais amplo ao diálogo, não somente à comunicação entre locutor e interlocutor, mas também a todo tipo de comunicação verbal. Por exemplo, o livro é um "ato de fala impresso, [...] um elemento da comunicação verbal. Ele é objeto de discussões ativas sob a forma de diálogo e, além disso, é feito para ser apreendido de maneira ativa, para ser estudado a fundo, comentado e criticado" (Zilberman, 2012, p. 104).

Dessa forma, a produção da comunicação que se estabelece no processo de pesquisa envolve estes elementos: a realidade das interações, a linguagem, a palavra e os atores, que também constituem essa dinâmica dialógica. Bakhtin considera o diálogo como as relações que ocorrem entre interlocutores numa ação histórica compartilhada socialmente, que se realiza num tempo e num local específicos, mas sempre mutável, devido às variações do contexto.

Outro conceito fundamental do pensamento bakhtiniano é a **polifonia**. Esta indica a presença de múltiplas vozes ou de múltiplos pontos de vista de vozes autônomas. A polifonia se caracteriza por vozes polêmicas num discurso. Há gêneros dialógicos monofônicos (uma voz que domina outras vozes) e vozes polifônicas (vozes polêmicas). Um exemplo é a pesquisa, onde encontramos diferentes pontos de vista sobre a realidade ou sobre um objeto investigado. Portanto, **a pesquisa é um gênero polifônico por natureza**.

Ainda, nesse sentido, "Na **polifonia**, o dialogismo se deixa ver e entrever por meio de muitas **vozes polêmicas**; já na monofonia há apenas o **dialogismo**, que é constituído de linguagem porque o diálogo é mascarado e somente **uma voz** se faz ouvir, pois as demais são abafadas" (Rechdan, 2003, p. 3, grifo do original).

Para chegar à ideia de polifonia, Bakhtin se inspira nos romances de Dostoievski, em cujos personagens "não há superação dialética de conflitos desenvolvidos na trama" (Rechdan, 2003, p. 2-3). O livro de Dostoievski constitui para Bakhtin o ponto essencial para o conceito de polifonia:

> o romancista estabelece uma relação única com suas personagens, as quais tem voz própria e o mínimo de interferência da parte dele como autor, criando um gênero denominado por Bakhtin de polifonia porque apresenta muitos pontos de vista, muitas vozes, cada qual recebendo do narrador o que lhe é devido. (Rechdan, 2003, p. 8)

A característica essencial da polifonia é que a presença de vozes acontece num determinado contexto sem que uma palavra única e definitiva, demonstrando seu caráter de continuidade.

Dessa forma, há de se ressaltar que a produção intelectual de Bakhtin é, acima de tudo, obra de um filósofo, e, como tal, preocupava-se com questões relacionadas à vida e à convivência humana, utilizando, para isso, a literatura e a linguagem para tratar e entender as questões que envolviam a realidade social de sua época.

3.3 O significado do discurso dialógico e sua relação com a pesquisa em Serviço Social

Em todas as profissões, a pesquisa constitui um elemento fundamental, e não é diferente no Serviço Social. É por meio da pesquisa que novas decisões são tomadas em prol de uma comunidade, buscando melhorias nas condições de vida daquela população. Para tanto, o espírito investigativo do pesquisador deve estar presente e, na sua essência, deve ter a curiosidade de ir além, de saber mais.

A preocupação com a pesquisa no Serviço Social tem sua motivação no contato com a teoria marxista e com sua metodologia, as quais levam em conta os processos históricos e a realidade social. Esse contato elevou a profissão do Serviço Social a produtora de conhecimento, além de despertar para a necessidade de uma leitura crítica da realidade social.

Com a pesquisa e a produção de conhecimento, o profissional do Serviço Social tem hoje a necessidade de se valer da pesquisa, pois esta constitui uma ferramenta indispensável para sua atuação profissional, conferindo-lhe uma dimensão intelectual.

Cabe ressaltar, porém, que a produção de conhecimento somente é possível devido às relações humanas e àquilo que essa relação produz. É importante constatar também o contato com a situação histórica em que acontecem essas relações e suas dinâmicas sociais. Essa realidade apresenta um caráter dialético, sendo formada pela inter-relação pessoal. Nesse sentido, pesquisar não significa reduzir a realidade a uma teoria, pois esta continua sendo realidade, mesmo depois de um processo de estruturação metodológica.

Dessa forma, o valor que se atribui à pesquisa e à produção de conhecimento são indiscutíveis e de suma importância tanto para a formação quanto para a atuação profissional do Serviço Social. A partir da década de 1960, em plena ditadura militar, já havia uma ênfase na pesquisa em Serviço Social, na busca profissional para qualificação da profissão. Porém, foi entre 1972 e 1975, que um grupo de profissionais da Escola Católica de Minas Gerais buscou uma crítica teórico-prática do tradicionalismo na profissão. Netto (1991) denomina esse processo crítico de *intenção de ruptura*. A perspectiva da intenção de ruptura, para o autor, divide-se em três momentos diferentes: "o da sua emersão, o da sua consolidação acadêmica e o do seu espraiamento sobre a categoria profissional" (Netto, 1991, p. 265). O momento de emersão é do projeto de ruptura em Belo Horizonte".

O autor, porém, problematiza que,

> No momento de sua emersão, o projeto da ruptura aproxima-se da tradição marxista especialmente pelo viés posto pela militância política. [...] Todas as indicações disponíveis convergem no sentido de sugerir que a interação entre os profissionais originalmente envolvidos no projeto da ruptura e a tradição marxista opera-se pela via política (frequentemente, político-partidária: mormente via os grupamentos de esquerda influenciados pela Igreja, situados fora do leito histórico do PCB). Dadas as circunstâncias da época, esta aproximação padece de vícios óbvios: instrumentalização para legitimar estratégias e táticas, pouca possibilidade de reflexão teórica sistemática etc. (Netto, 1991, p. 268)

Para o autor, no momento seguinte, o projeto pertence ao marxismo acadêmico, que ele diz ainda apresentar quadros de redução epistemológica, em que não é utilizada a fonte marxiana, que vai se processando com o andamento da transição democrática. O momento de espraiamento profissional se caracteriza pela maturação intelectual, profissional e política (Netto, 1991).

Ao longo dos anos em que a pesquisa se tornou cada vez mais presente na atuação do Serviço Social, constatou-se que essa produção não é fruto de especulação, e sim da análise e da relação do pesquisador profissional com a realidade social na qual está inserido. A sistematização do agir profissional consiste em um meio de apreender o movimento e a dinâmica da sociedade, a fim de pensar formas estratégicas para sua melhor atuação profissional.

Além da melhoria de seu agir profissional, a socialização das diversas práticas contribui para o debate crítico, a fim de incrementar a atuação do profissional dessa área. O Serviço Social encontra, na teoria marxista, elementos para uma análise crítica da realidade, na qual se leva em conta a posição do sujeito em relação ao seu objeto de estudo. Desse estudo, pode-se perceber melhor as desigualdades por meio das quais surgem a questão social, objeto de estudo do Serviço Social.

Apropriando-se de uma nova metodologia, o Serviço Social adquiriu um novo *status*: não mais aplicar um método a qualquer objeto de estudo, mas poder, com base na realidade social histórica, construir um objeto próprio. Compreendendo o espaço em que está atuando, o assistente social precisa entender a realidade do usuário para poder compreender suas necessidades. É da interação entre a comunicação e o enunciado que surge a necessidade da pesquisa.

Bourguignon (2008) destaca que um dos aspectos que configura tanto a intervenção quanto a pesquisa em Serviço Social deve ter a centralidade no sujeito, visto que suas ações e preocupações são pautadas nos usuários de seus serviços. A autora afirma que

> A pesquisa para o Serviço Social deve gerar um conhecimento que reconheça os usuários dos serviços públicos como sujeitos políticos que são, também, capazes de conhecer e intervir em sua própria realidade com autonomia, desvencilhando-se das estratégias de assistencialismo, clientelismo e subalternidade, tão presentes nas ações governamentais e políticas públicas. (Bourguignon, 2008, p. 304)

Construída com base no diálogo, a pesquisa abordará as múltiplas vozes que dela decorrem, levando o profissional a perceber que ela não está desvinculada da realidade de seu usuário, mas, sim, que é possível elevar essa experiência à dimensão de um conhecimento novo que será socializado, possibilitando sua discussão e busca de alternativas para resolução de problemas no âmbito mais geral.

Segundo Guerra (2009, p. 712) esta é uma prerrogativa inerente ao profissional do Serviço Social:

> O Assistente Social lida com essas múltiplas expressões das relações sociais da vida cotidiana, o que permite dispor de um acervo privilegiado de dados e informações sobre as várias formas de manifestação das desigualdades e da exclusão social em sua vivência pelos sujeitos, de modo que a ele é facultado conhecer a realidade de maneira direta: a partir da sua intervenção na realidade, das investigações que realiza, visando responder a esta realidade.

Mas, apesar de todo esse aporte teórico prático, percebe-se que a produção científica no Serviço Social ainda é pouco utilizada pelos profissionais dessa área. Todo esse conjunto de informações e vivências pode servir, por meio da sistematização de seus trabalhos, para a formação e a qualificação dos demais profissionais. Cabe ressaltar que nem toda pesquisa gera conhecimento científico; por isso, a necessidade de avançar em direção a uma cultura intelectual de produção de conhecimento. Dessa maneira, chegamos à compreensão de uma identidade justaposta à do profissional do Serviço Social: o pesquisador.

No entanto, certo cuidado deve haver quando falamos de *produção*, para que não se identifique meramente com produtivismo, com a finalidade de um título acadêmico ou, simplesmente, pela necessidade comercial de se produzir pesquisa. A sistematização de experiências e dados exige do pesquisador o empenho resoluto em construir um discurso que leva em consideração a dinâmica transformadora da realidade social.

Um aspecto importante para o bom êxito da pesquisa é o diálogo com outras áreas de conhecimento: estatística, história, filosofia, entre outras ciências, as quais ajudarão numa perspectiva mais ampla e exata da realidade a ser demonstrada.

Dentro do próprio referencial marxista, encontramos autores, como Mikhail Bakhtin, apresentado, nesta obra, em alguns conceitos que podem contribuir significativamente para a realidade externa da qual o Serviço Social está inserido. A comunicação e a interação, consideradas ferramentas de trabalho, fazem com que a teoria da linguagem não seja ignorada quando o indivíduo tem de exercer sua profissão e elaborar sua pesquisa.

Ao sistematizar suas experiências e vivências, o Serviço Social elabora um discurso que não é neutro, pois está impregnado de uma realidade. Essa realidade social precisa de intervenção e de mediação que atendam às necessidades do usuário e que, gradativamente, essa realidade seja transformada.

O Serviço Social utilizou-se de diversas teorias metodológicas no seu processo de desenvolvimento, a fim de analisar e intervir na realidade social. Mas, com a tradição marxista, a ação do Serviço Social obteve uma intervenção mais crítica. Do mesmo modo, espera-se, em relação à produção intelectual, um Serviço Social mais crítico e com possibilidades de uma efetiva intervenção na realidade social.

Por fim, incentivar a prática da pesquisa em todos os estágios, desde a formação até a atividade profissional, torna-se uma necessidade de suma importância para a produção e a consolidação do conhecimento.

3.4 Dicas para melhorar seu texto

Neste item, vamos discutir algumas dicas da autora Edna Perrotti (2009) para escrever bem, as quais serão permeadas com a nossa experiência na escrita dos TCCs. Pense bem em cada uma delas!

a. **Enfrente logo seu trabalho**

Não demore para iniciar seu trabalho, pois, embora ele seja escrito sob a orientação de um professor, a responsabilidade da redação é do(a) estudante. Escreva todos os dias, nem que seja pouco de cada capítulo, guardando o resultado de seu trabalho em pastas no computador, nos *e-mails*, nas nuvens. Escolha seu tema sem demora, delimite-o e planeje suas atividades para não ficar desesperado no dia da entrega.

b. **Dê especial atenção ao parágrafo**

Se você escrever bons parágrafos, escreverá bons textos. Veja a estrutura do parágrafo para pensar nele.

> O parágrafo é constituído de uma ideia principal seguida de uma sequência de ideias secundárias relacionadas a ela pelo sentido. A frase que geralmente anuncia a ideia principal, e com frequência constitui o início do parágrafo, é denominada tópico frasal, pois destaca o que será apresentado. (Perrotti, 2009, p. 91)

Para a autora, você pode começar o parágrafo de várias formas. Veja alguns exemplos no quadro a seguir.

Quadro 3.1 – Início de tópico frasal

Uma declaração	Há muita expectativa sobre os resultados...
Uma definição	Política é a arte de governar...
Uma divisão	A linguagem pode ser verbal e não verbal...
Interrogação	Até quando conviveremos com a violência?
Alusão histórica	Foi no ano que o homem chegou à Lua que...
Um comentário	Como já tivemos oportunidade de...

Fonte: Elaborado com base em Perrotti, 2009, p. 92.

Ao escrever, lembre-se de que tudo deve fazer sentido, ou seja, deve estar relacionado com a ideia principal. Observe o início das frases que serão escritas em seguida. Muitos(as) estudantes colocam ponto-final finalizando uma ideia e reiniciam utilizando um gerúndio, dando continuidade à frase: Por exemplo:

> *A linguagem pode ser verbal e não verbal. Utilizando não verbal no dia a dia.*

Nesse caso, utilize a vírgula, dando continuidade à frase.

> *A linguagem pode ser verbal e não verbal, sendo utilizada a linguagem não verbal no dia a dia.*

Cuide com a linguagem formal; use e abuse de dicionários. Parágrafos muito longos podem se tornar cansativos, assim como a repetição de ideias no texto. Faça um exercício: leia um texto e grife, em cada parágrafo, as ideias principais. Lembre-se: seu texto deve ter clareza e os parágrafos devem ter um número de laudas parecido, para dar mais estética ao texto.

c. **Articule um parágrafo com outro**

O eixo articulador do parágrafo é o tema, e um deve estar articulado com o outro; por isso, ao utilizar citações, estas devem ser comentadas e explicadas no texto. Muitos trabalhos apresentam citações de autores sem relação alguma com o texto anterior ou posterior. É importante relacionar também os subitens, os capítulos. A autora se refere a partículas especiais para unir um parágrafo a outro, como: *depois, a seguir, porém, apesar,* entre outros. Uma das ideias para não repetir é utilizar quadros de conectivos para consulta. Veja os conectivos apresentados a seguir:

> **Prioridade, relevância** [...]
> Em primeiro lugar; antes de mais nada; antes de tudo; em princípio; primeiramente; acima de tudo; principalmente; primordialmente; sobretudo; [...].

Tempo, frequência, duração, ordem, sucessão, [anterioridade, posterioridade] [...]
Então; enfim; logo; logo depois; imediatamente; logo após; a princípio; no momento em que; pouco antes; pouco depois; anteriormente; posteriormente; em seguida; afinal; por fim; finalmente; agora; atualmente; hoje; frequentemente; constantemente; às vezes; eventualmente; por vezes; ocasionalmente; sempre; raramente; não raro; ao mesmo tempo; simultaneamente; nesse ínterim; [...] enquanto; quando; antes que; depois que; logo que; sempre que; assim que; desde que; todas as vezes que; cada vez que; apenas; já; mal; nem bem.

Semelhança, comparação ou conformidade [...]
Igualmente; da mesma forma; assim também; do mesmo modo; similarmente; semelhantemente; analogamente; por analogia; de maneira idêntica; de conformidade com; de acordo com; segundo; conforme; sob o mesmo ponto de vista; tal qual; tanto quanto; como; assim como; como se; bem como.

Condição ou hipótese [...]
Se; caso; eventualmente.

Adição ou continuação [...]
Além disso; demais; ademais; outrossim; ainda mais; por outro lado; também; e; nem; [...] [não só... mas também; não só... como também; não apenas... como também; não só... bem como; com; ou (quando não for excludente)].

Dúvida [...]
Talvez; provavelmente; possivelmente; quiçá; quem sabe; é provável; não é certo; se é que.

Certeza ou ênfase [...]
Por certo; certamente; [decerto;]; indubitavelmente; inquestionavelmente; sem dúvida; inegavelmente; com certeza.

Surpresa ou imprevistos [...]
Inesperadamente; de súbito; subitamente; de repente; imprevistamente; surpreendentemente.

Ilustração ou esclarecimento [...]
Por exemplo; isto é; ou seja; aliás; [só para ilustrar; só para exemplificar; quer dizer; em outras palavras; ou por outra; a saber].

Propósito, intenção ou finalidade [...]
Com o fim de; a fim de; com propósito de; com a finalidade de; com o intuito de; para que; a fim de que; para [...].
Lugar, proximidade ou distância [...]
Perto de; próximo a ou de; junto a ou de; dentro; fora; mais adiante; aqui; além; acolá; lá; ali; este; esta; isto; esse; essa; isso; aquele; aquela; aquilo; ante; a.
Conclusão ou resumo [e recapitulação] [...]
Em suma; em síntese; [em conclusão;] enfim; em resumo; portanto; assim; dessa forma; dessa maneira; desse modo; logo; pois; assim sendo; nesse sentido.
Causa, consequência e explicação [...]
Por consequência; por conseguinte; como resultado; por isso; por causa de; em virtude de; assim; de fato; com efeito; tão; tanto; tamanho; que; porque; porquanto; pois; já que; uma vez que; visto que; como (no sentido de porque); portanto; [logo;] que [(no sentido de porque)]; [de tal sorte que;] de tal forma que; haja vista.
Contraste, oposição, restrição, ressalva [...]
Pelo contrário; em contraste com; salvo; exceto; menos; mas; contudo; todavia; entretanto; no entanto; embora; apesar de; apesar de que; ainda que; mesmo que; posto que; ao passo que; em contrapartida; [conquanto; se bem que; por mais que; por menos que; só que; por outro lado; ao contrário do que se pensa; em compensação].

Fonte: Diana, 2019.

d. **Observe regras do padrão culto**

Não escreva de acordo com o que é falado; procure substituir expressões ou gírias por termos formais. Por exemplo, se você utiliza *a gente*, substitua por *nós*. No TCC, também é necessário utilizar normas da ABNT (Associação Brasileira de Normas Técnicas) ou as normas utilizadas na instituição de ensino em que você estuda. Não é responsabilidade do(a) orientador(a) ensinar normas; então, fique atento e pesquise sempre que necessário!

3.5 Ética na pesquisa

Plágio é crime!!!
Vale a pena repetir! Não copie ideias sem referenciá-las. Faça um debate entre autores e se coloque no seu texto. Muitos(as) estudantes culpam o(a) orientador(a) pelas cópias que realizam. Ele pode não perceber plágio no seu texto, mas lembre-se de que a responsabilidade é toda sua!

Síntese

Abordar a temática da filosofia da linguagem e a pesquisa como produção de conhecimento em Serviço Social é de suma importância, pois nos deparamos com um crescimento gigantesco de materiais de pesquisa e de profissionais que são titulados por tais produções.

O trabalho de pesquisa, dentro de um espaço profissional, deve apresentar singularidades, experiências e histórias de vida; para isso, é fundamental uma aproximação entre o pesquisador e o processo de interação social, que se dá, sobretudo, pela comunicação.

Ao levar em conta os conceitos de enunciado, dialogismo e polifonia, o ato comunicativo e, consequentemente, a pesquisa científica ganham em qualidade de compreensão e produção e, ainda, preenchem a lacuna que existe entre teoria e prática na medida em que aproxima o profissional da construção de novos conhecimentos, abrindo caminhos para que relatos de experiências cotidianas do atendimento profissional tornem-se, pela pesquisa, objeto de estudo.

É nesse processo de interação entre os conceitos de enunciado, dialogia e polifonia e o Serviço Social que se compreende a pesquisa como produção de conhecimento com base em uma realidade concreta, onde o exercício de interação acontece diariamente. O Serviço Social está inserido nas relações sociais de produção e reprodução da vida social, sendo de caráter interventivo e atuando no âmbito da questão social. Para tanto, apontar uma referência teórico-metodológica que reconhece a realidade social, com suas dinâmicas mais elementares, tendo como ponto de partida a análise científica da produção de conhecimento, faz nos aproximarmos de respostas concretas e mais exatas sobre a realidade social.

Como o TCC é um processo comunicativo, no qual o estudante se torna autor, é importante pensar em sugestões para melhoria do texto escrito. Assim, é necessário observar, na escrita, a linguagem formal, para que a mensagem possa ser compreendida pelo leitor.

Para saber mais

BAKHTIN, M. (VOLOCHINOV, V. N.) **Marxismo e filosofia da linguagem**: problemas fundamentais do método sociológico da linguagem. 12. ed. São Paulo: Hucitec, 2006.

Esse livro aponta as ideias de Bakhtin, sua compreensão da linguagem e como esta se forma com base nas interações sociais.

FARACO, C. A.; TEZZA, C. **Prática de texto para estudantes universitários**. Petrópolis: Vozes, 2005.

Nesse livro, a proposta é de que a escrita será mais eficiente e mais bem desenvolvida se acompanhada de reflexões sobre a linguística, além de colocar o autor como parte integrante da sua escrita.

GUERRA, Y. O conhecimento crítico na reconstrução das demandas profissionais contemporâneas. In: BAPTISTA, M. V.; BATTINI, O. (Org.). **A prática profissional do assistente social**: teoria, ação, construção de conhecimento. São Paulo: Veras, 2009. p. 79-106.

Nesse artigo, Yolanda Guerra analisa a possibilidade de reconstrução das demandas profissionais contemporâneas com base no potencial inerente ao referencial teórico-metodológico crítico.

MENDES, J. M. R.; DESAULNIERS, J. B. R. (Org.). **Textos & contextos**: perspectivas da produção do conhecimento em Serviço Social. Porto Alegre: EdiPUCRS, 2002.

Essas coletâneas de textos apresentam vários escritos sobre os fazeres do cotidiano para auxiliar na produção de conhecimento com base na realidade do profissional de Serviço Social.

Questões para revisão

1. Com base na leitura da teoria de Mikhail Bakhtin, quais pontos são mais significativos, na sua opinião, para a construção de um TCC?

2. Para Bakthin, é caracterizado pelo diálogo entre indivíduos de natureza social:

   a) o enunciado.
   b) o diálogo.
   c) a polifonia.
   d) a linguagem.
   e) a comunicação.

3. Qual seu entendimento sobre o significado do termo *polifonia*?

4. A partir da década de 1960, em plena ditadura militar, já havia uma ênfase na pesquisa em Serviço Social, na busca profissional

para qualificação da profissão; porém, foi entre 1972 e 1975 que um grupo de profissionais da Escola Católica de Minas Gerais buscou uma crítica teórico-prática do tradicionalismo na profissão. Netto (1991) denomina esse processo crítico de:

a) emersão.
b) consolidação acadêmica.
c) transição democrática.
d) intenção de ruptura.
e) histórico-dialético.

5. Leia as seguintes afirmativas:
   I) Com a pesquisa e a produção de conhecimento, o profissional do Serviço Social tem hoje a necessidade de se valer da pesquisa, pois esta constitui uma ferramenta indispensável para sua atuação profissional, conferindo-lhe uma dimensão intelectual.
   II) Ao sistematizar suas experiências e vivências, o Serviço Social elabora um discurso que não é neutro, pois está impregnado de uma realidade.
   III) O Serviço Social utilizou-se de diversas teorias metodológicas no seu processo de desenvolvimento, a fim de analisar e intervir na realidade social; porém, hoje, utiliza apenas uma teoria própria.

   Com base no exposto, está(ão) correta(s) a(s) afirmativa(s):

   a) I
   b) I e II.
   c) II e III.
   d) I e III.
   e) Todas as afirmativas estão corretas.

Questões para reflexão

1. Para Bakhtin, qual é o significado de *enunciação*?

    Dica: Lembre-se de que a linguagem constitui uma ferramenta indispensável para a interação com a realidade.

2. Como é a relação entre pesquisa e conhecimento para o profissional de Serviço Social?

    Dica: Lembre-se de que o contato com a realidade desperta a necessidade de pesquisar.

3. Quais são as dicas para melhorar seu texto?

    Dica: Lembre-se de que a coesão dos parágrafos é que forma o texto.

4. O TCC é um processo comunicativo no qual o estudante se torna autor. Pense no que você gostaria de comunicar no TCC e indique a trajetória que o ajudou a pensar nesse texto.

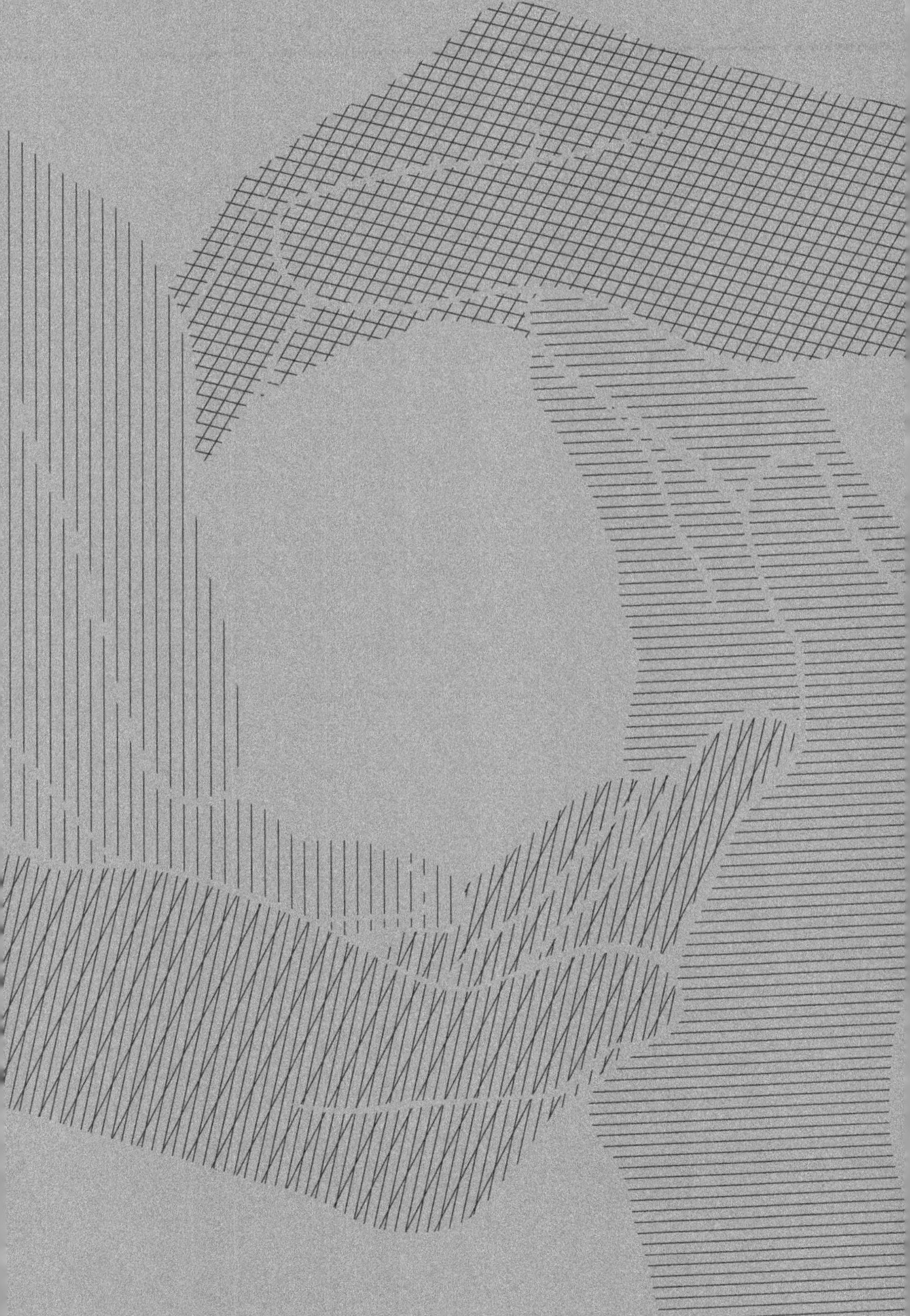

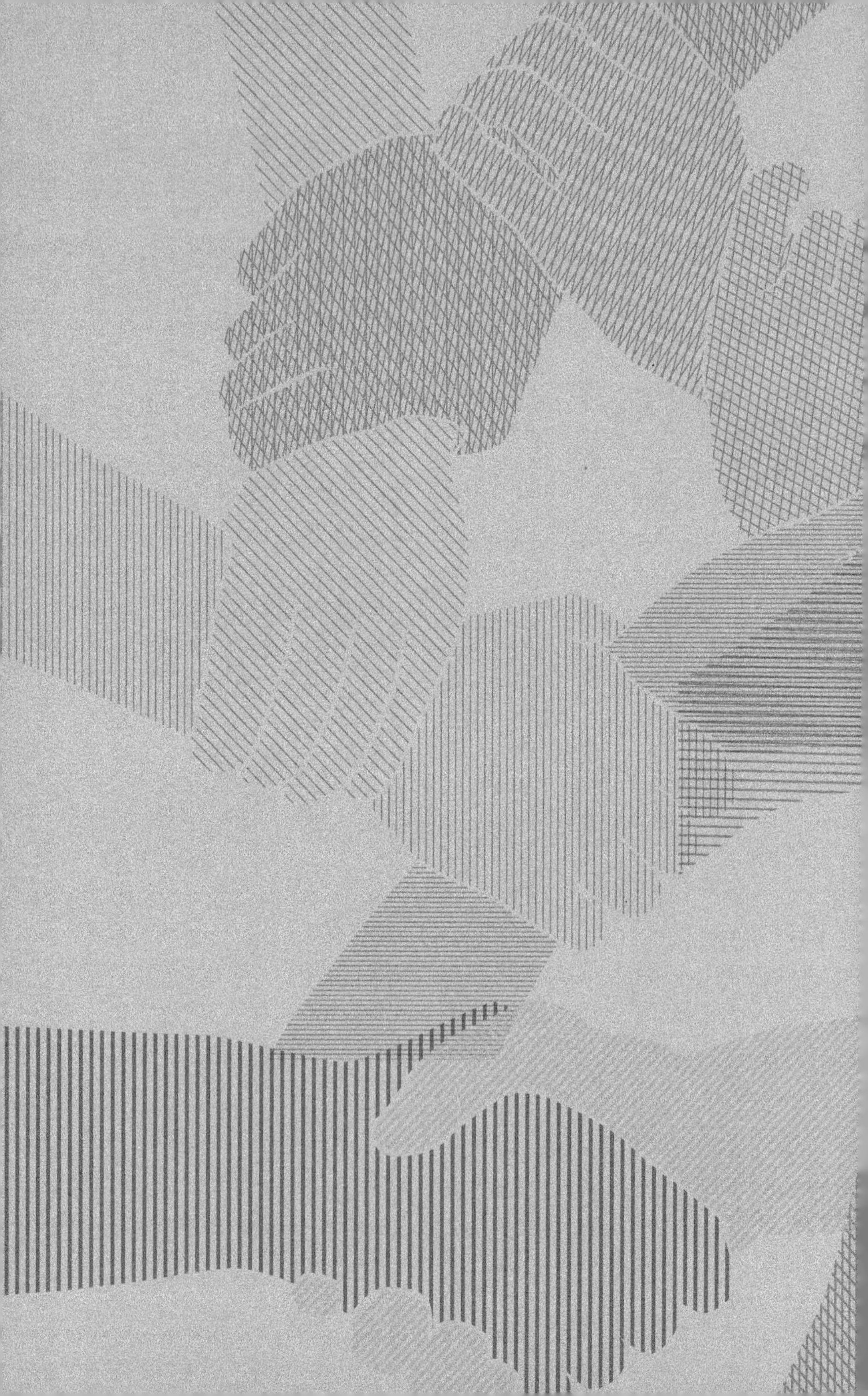

CAPÍTULO 4

A pesquisa em Serviço Social: iniciando um projeto de pesquisa

Conteúdos do capítulo

- Elementos introdutórios: modalidades de trabalho de conclusão de curso (TCC) em Serviço Social.
- A teoria e o problema de pesquisa.
- Construção dos objetivos.
- Justificativa.
- Questões norteadoras e hipóteses.

Após o estudo deste capítulo, você será capaz de:

1. definir um problema de pesquisa com base na análise de um fenômeno;
2. compreender a importância da teoria para apreensão do fenômeno e definição do problema;
3. refletir sobre as modalidades da pesquisa em Serviço Social;
4. compreender o problema com base no recorte de um objeto de pesquisa da realidade social;
5. compreender o que são os objetivos e quais os seus propósitos;
6. apresentar a metodologia da Taxonomia de Bloom, relacionando-a com o processo de aprendizagem e com a construção de objetivos;
7. refletir sobre a justificativa, a hipótese e as questões norteadoras em um trabalho de conclusão de curso.

4.1 Elementos introdutórios: modalidades de TCC em Serviço Social

Vamos iniciar este capítulo com uma reflexão sobre a construção de uma igreja, apresentada na história a seguir:

> Certa vez um padre jovem decidiu convidar seus fiéis para quebrar pedras. Seu objetivo era construir um templo. Os fiéis vinham, trabalhavam algumas horas e não voltavam mais. O templo não saía do lugar e o sacerdote foi desanimando, até pedir para ser transferido do local. Em seu lugar veio um padre com mais experiência. Poucos meses depois, correu a notícia nas redondezas de que o templo, construído em mutirão, estava quase pronto. O padre jovem não acreditou e foi visitar a comunidade. Encontrou todos seus antigos fiéis quebrando pedras, dia após dia, cantarolando. Ele se aproximou de um e perguntou: "Seu José, por que antes, quando convidei, você veio, quebrou umas poucas pedras, com a cara feia, e foi embora para nunca mais voltar? Agora vejo você aqui há dias fazendo esse mesmo serviço!". Seu José respondeu, sorrindo: "Seu padre, agora é diferente. O senhor tinha me convidado para quebrar pedras. O padre que chegou depois nos convidou para construir uma catedral". (Prefeitura Municipal de Curitiba; GETS; United Way of Canada, 2002, p. 29)

Essa história tem muito a nos contar sobre pesquisa. A ideia da pesquisa começa com um problema que procura respostas, e isso exige uma visão de mundo mais ampla. Se a perspectiva da pesquisa for pensada de forma isolada, com base em seus elementos, ou seja, no ensino de objetivos e metodologia ou em outros elementos não relacionados a um contexto, os(as) estudantes vão fazer como os primeiros fiéis da história: trabalharão horas a fio para cumprir o que é cobrado na academia, mas, depois, a concepção da pesquisa vai ser aquela: "a teoria é diferente da prática". Não vivenciamos dessa forma a construção de uma catedral, e sim quebramos pedras de forma isolada.

Na nossa experiência obtida com essa disciplina, a concepção do estudante de que ele é um autor que conta uma realidade muda muito a perspectiva da pesquisa e o prazer demonstrado na sua construção. Assim, para começar, é importante pensar em uma realidade vivenciada com vários elementos, em que um deles vai se tornar um problema de pesquisa. Com base nesse problema, todos os passos dados para resolvê-lo devem estar relacionados: os objetivos, a teoria, a metodologia, suas questões norteadoras ou hipóteses, entre outros. Vamos analisar esses elementos um a um, porém, sem deixar de vislumbrar que, ao final, queremos construir uma catedral, ou seja, o trabalho de conclusão de curso (TCC).

Feita essa reflexão, retomemos os elementos já abordados: até agora, pensamos na pesquisa e como ela não é neutra. A nossa leitura da realidade social é realizada com base em nossa forma de ver o mundo, por meio de uma lente que construímos ao longo de nossas vivências, a qual nos faz discernir entre um ou outro objeto de pesquisa, ou seja, devemos esclarecer, de forma objetiva, o que queremos estudar. Para pensar melhor no objeto de pesquisa, vamos considerar a definição de Kahlmeyer-Mertens et al. (2007, p. 38):

> Objeto é o que está disponível ao pesquisador, o que o pesquisador tomará no intuito de determiná-lo por meio de teorias ou experiências. No que se refere ao tema, o objeto é aquilo que deve ser tratado, determinado ou descrito pontualmente, de modo que falar de um tema é, em boa medida, falar de um objeto que o constitui, devendo ambos estar claramente delimitados.

Por exemplo, se definirmos como objeto o trabalho do assistente social no hospital, estamos delimitando o local e a prática profissional para investigação da pesquisa. É importante sempre pensar de forma objetiva no propósito da pesquisa.

A pesquisa em Serviço Social começa a ser pensada e estimulada a partir do primeiro semestre, com disciplinas que estimulam a pesquisa e a prática de estágio supervisionado. Ao longo dos semestres, os(as) estudantes produzem um diário com anotações sobre as suas intervenções, observações, entrevistas e comentários que consideram importantes. Nas disciplinas de estágio, essas práticas sofrem um processo de reflexão com base nos conhecimentos teóricos discutidos ao longo do curso. Essa relação, que nominamos **práxis profissional**, remete-nos à relação entre teoria e prática, ou seja, a uma prática pensada.

Em relação à práxis, Barroco (2008, p. 24) discorre:

> Como práxis, o trabalho realiza um duplo movimento: supõe a atividade teleológica (a projeção ideal de suas finalidades e meios) por parte do sujeito que o realiza e cria uma realidade nova e objetiva (resultante da matéria transformada). O produto do trabalho constitui a objetivação do sujeito. Nesse processo, o sujeito se modifica e pode se autorreconhecer como sujeito de sua obra; a natureza se modifica por ter sido transformada pela ação do homem. O produto passa a ter uma existência independente do sujeito que o criou, mas não independente das práxis da humanidade, pois é resultante do acúmulo de conhecimento e da prática social do homen.

Para a autora, fatos históricos, como a descoberta do fogo, mostram que os homens criam alternativas, valores e possibilidades de escolhas historicamente. O pesquisador se apropria dessa relação de pensar a realidade e faz as articulações teórico-práticas da história humana, convergindo para o fenômeno estudado.

Com base nas experiências de estágio e nas atribuições do assistente social, é possível pensar em três modalidades de TCC, analisadas na sequência.

4.1.1 Relato de prática

Nessa modalidade de trabalho, o estudante relata sua prática de estágio, entrevistas, reuniões, visitas domiciliares, dentre outras ações realizadas na experiência de estágio, com base em um dado recorte. Para essa modalidade de trabalho, é necessário que os(as) estudantes realizem registros dos atendimentos e observações de campo, assim como mantenham uma relação teórico-prática de suas ações.

Levando-se isso em consideração, podemos refletir sobre o que a autora Lewgoy (2009, p. 53) afirma:

> O saber-fazer competente é um saber-fazer de boa qualidade, na medida em que analisa criticamente as exigências e os desafios postos cotidianamente. Portanto, essa qualidade não é atribuída, mas conquistada, construída dia a dia. Ao adjetivar esse saber-fazer, faz-se a conexão entre as dimensões teórica, técnica, ética e política, hoje propostas nas Diretrizes Curriculares. O conceito de qualidade é multidimensional, social e historicamente determinado, pois emerge de uma realidade específica, de um contexto concreto.

A autora relaciona as três dimensões do Serviço Social: ético-política, técnico-operativa e teórico-metodológica, que, indissociáveis na realidade social, não podem ser vistas como dimensões fragmentadas, uma vez que determinam o que ela nomina de "saber-fazer competente" (Lewgoy, 2009, p. 53). Esse pensar técnico no cotidiano profissional, que abrange a dimensão ética, é construído no dia a dia, com base nas reflexões realizadas na realidade concreta. Todo instrumental técnico-operativo utilizado pelos estagiários no dia a dia do estágio pode enriquecer a reflexão sobre o objeto.

Nessa modalidade, o enriquecimento do trabalho se dá pelos relatos com base nas vivências e reflexões do cotidiano.

Embora utilizemos "parâmetros de pesquisa" para explorar o conhecimento, o relato traz criatividade à nossa pesquisa. Minayo (2001, p. 5) destaca que "a marca de criatividade é nossa 'griffe' em qualquer trabalho de investigação". Assim, vamos pensar que é a criatividade que dá a marca do autor, que apresenta o diferencial na pesquisa. Para isso, podemos utilizar a seguinte fórmula:

Competência + Criatividade = Autor

É a imersão do(a) pesquisador(a) que determina o objeto de pesquisa e o direcionamento desse objeto. Não podemos esquecer que o nosso usuário é o ponto principal da nossa prática. Para corroborar com essa ideia, apresentamos o que Martinelli (1999, p. 21) destaca:

> Com essas vivências, fui refletindo, trabalhando, sempre em equipe e me aproximando cada vez mais de uma visão transdisciplinar ou interdisciplinar da prática social, de uma forma tal que, a cada momento – e considero que hoje vivemos um momento absolutamente privilegiado nesse sentido – reforça-se em mim a convicção de que o saber não é posse individual de cada profissão, é heterodoxo, é pleno, é encontro de signos.

O texto destaca outro ponto importante: o trabalho interdisciplinar e o conhecimento construído pelas outras áreas que subsidiam o trabalho e a pesquisa do Serviço Social. Ler outros autores que dialogam com o nosso trabalho, de maneira crítica, é fundamental para o enriquecimento do nosso conteúdo.

4.1.2 Análise de fenômeno de pesquisa

Nessa modalidade, o estudante, com base em suas vivências, elege um fenômeno da realidade a ser estudado, que pode ser tanto a problematização do trabalho do assistente social nos espaços sócio-ocupacionais quanto o trabalho com as políticas sociais (saúde, assistência social, educação, dentre outros), o atendimento a crianças e adolescentes, idosos, mulheres etc. nos contextos institucionais.

É possível pensar em vários recortes da realidade e realizar um diálogo teórico com base em bibliografias e documentos institucionais que discorrem sobre o assunto.

Os dados coletados podem ser realizados com base em diversos instrumentos de coleta, sendo o referencial teórico o aspecto fundamental para o conhecimento mais aprofundado do objeto de pesquisa.

4.1.3 Avaliação de projetos ou programas

O assistente social, na sua prática profissional, coordena projetos ou programas. A Lei n. 8.662, de 7 de junho de 1993, que regulamenta a profissão do assistente social, determina:

> Art. 4º Constituem competências do Assistente Social:
>
> I) elaborar, implementar, executar e avaliar políticas sociais junto a órgãos da administração pública, direta ou indireta, empresas, entidades e organizações populares;
>
> II) elaborar, coordenar, executar e avaliar planos, programas e projetos que sejam do âmbito de atuação do Serviço Social com participação da sociedade civil; [...]. (Brasil, 1993)

Assim, nos campos sócio-ocupacionais, o assistente social, pela sua formação, não apenas executa ações diretas com os usuários dos serviços, mas também planeja, implementa e avalia ações no trabalho de gestão, assim como realiza acompanhamento de projetos ou programas sociais.

O trabalho de planejamento, de acordo com Baptista (2000), envolve uma função política. Planejamento é pensar continuamente em ações conformes a determinado contexto e relacioná-las com o todo, ou seja, com um contexto maior. Por exemplo, ao realizar acompanhamento de um projeto voltado ao atendimento de adolescentes em grupos, o assistente social realiza ações no dia a dia, como ir até o grupo; ouvir instrutores e adolescentes; verificar se os recursos, como equipamentos e lanches, estão de acordo com o estabelecido; se o trabalho socioeducativo corresponde ao planejado; se os resultados atingidos nesse trabalho estão concernentes ao estabelecido no programa ou no projeto. Existem outras ações que também podem estar relacionadas com esse grupo, como o trabalho com as famílias dos adolescentes e o acompanhamento do sucesso ou do fracasso escolar em parceria com a instituição educacional em que esses adolescentes estudam.

Essas ações implicam em concretização de estratégias que têm um propósito maior, que é a inclusão desses adolescentes na educação; o acesso ao conhecimento socialmente adquirido; e a convivência familiar e comunitária. Podemos citar muitos outros, mas é importante pensar que essas ações têm um caráter político, pois não são neutras e estão inscritas em relações de poder.

Em relação à dimensão política do planejamento, Baptista (2000, p. 17) define: "decorre do fato de que ele é um processo contínuo de tomadas de decisões, inscritas nas relações de poder, o que caracteriza ou envolve uma função política".

Sendo assim, a avaliação dessas ações, as quais envolvem uma dimensão política do trabalho do assistente social, podem ser analisadas em um trabalho sob diferentes perspectivas, que compreendem a avaliação do trabalho do assistente social. A avaliação de programas ou de projetos sociais pode ser realizada das seguintes formas: considerando a eficiência, a eficácia ou a efetividade. Vamos olhar atentamente para cada uma delas?

Eficiência

Essa forma de avaliar considera custos, ou seja, otimização de recursos. Para Baptista (2000, p. 117),

> A avaliação da eficiência incide diretamente sobre a ação desenvolvida. Tem por objetivo reestruturar a ação para obter, ao menor custo e ao menor esforço, melhores resultados. Deve ser necessariamente crítica, estabelecendo juízos de valor, sobre o desempenho e os resultados que o mesmo propicia.

Assim, ao avaliar, pode haver altos custos em projetos que não apresentam resultados. Por exemplo, você pode ter uma meta de atendimento de dez crianças por mês com alimentação, gastando um milhão de reais a cada mês. Ao pensar em custo-benefício (nesse caso, um exemplo caricatural, pois gastar essa quantia em alimento é ilógico), o custo é altíssimo para a ação proposta, se for uma alimentação balanceada do dia a dia. Os assistentes sociais fazem esse tipo de avaliação nos programas que acompanham no dia a dia e orientam os envolvidos nesse processo. Se veio recurso para a compra de alimentos, mas foi gasto o dobro, por exemplo, em algo não adequado para aquele público, pode-se pensar na análise de orçamento público de uma forma mais ampla.

Eficácia

A eficácia está relacionada aos objetivos e às metas. Para Baptista (2000, p. 118): "A eficácia é analisada a partir do estudo da adequação da ação para o alcance dos objetivos e das metas previstos no planejamento e do grau em que os mesmos foram alcançados".
Pensar nessa perspectiva é pontuar os objetivos ou as metas do programa e pensar se eles estão sendo alcançados.

Efetividade

A efetividade considera os resultados e impactos de projetos e programas, assim como os indicadores usados. Para Baptista (2000, p. 199-200): "A avaliação da efetividade diz respeito, mais propriamente, ao estudo do impacto do planejado sobre a situação, à adequação dos objetivos definidos para o atendimento da problemática, objeto da intervenção, ou melhor, ao estudo dos efeitos da ação sobre a questão objeto do planejamento".
Para essa avaliação, são observados resultados esperados ou indicadores, pontuando suas ações e em que medida elas apresentam resultados. As ações são determinadas nos projetos, tendo em vista as metas a serem alcançadas, as quais são sempre quantificáveis, ou seja, determinam o tempo e o espaço para se realizar a ação – por exemplo, "Serão atendidas 50 crianças em 60 dias". Esse tipo de análise vai avaliar não somente as ações determinadas, mas os resultados alcançados, considerando também as metas.
Barreira (2002) classifica a efetividade como objetiva, subjetiva e substantiva. A efetividade objetiva mede quantitativamente a ação do programa antes e depois de sua execução; o critério da efetividade subjetiva se refere às crenças e aos valores; a efetividade substantiva avalia "mudanças qualitativas significativas e duradouras nas condições de vida dos beneficiários da política ou programa social (Barreira, 2002, p. 32). É importante ressaltar que esses

critérios de avaliação de efetividade também destacam a avaliação qualitativa, mais do que números, ou seja, a observação de condições de vida, de crenças, de valores.

Na prática do estágio, o estudante que acompanha determinado projeto ou programa deve entender além de suas ações, ou seja, compreender sua concepção de política pública e seus propósitos para fazer uma boa articulação teórica. No TCC, é necessário que as ações realizadas sejam avaliadas, pois cada pequena ação do projeto deve estar em consonância com o seu propósito; porém, este também deve se relacionar ao contexto mais amplo.

4.2 A teoria e o problema de pesquisa

Toda pesquisa inicia com um problema. Na realidade social em que estamos inseridos, com base em um contexto mais amplo, identificamos várias situações-problemas nas quais intervimos no dia a dia, dentre elas a análise de dados trazidos por nossos usuários ou por documentos institucionais, a qual nos leva a determinadas ações. Para Minayo (2001, p. 18): "Toda investigação se inicia por um problema com uma questão, com uma dúvida ou com uma pergunta, articuladas a conhecimentos anteriores, mas que também podem demandar a criação de novos referenciais".

Muitos(as) estudantes questionam, nas aulas de pesquisa, se realmente precisam utilizar outras teorias, se não poderiam "criá-las com base em seus próprios referenciais". A autora pontua que os conhecimentos "podem demandar estes novos referenciais" (Minayo, 2001 p. 18), mas é necessária a articulação com conhecimentos anteriores, referendados pelo grupo da academia, uma vez que estamos seguindo um método científico. Sem uma boa revisão bibliográfica dos principais autores que discorrem sobre o tema, corremos o risco de "plagiar" ideias ou copiar ideias de outrem como se fossem nossas. O conhecimento construído por outro pesquisador é conhecido como *teoria*. Para Minayo (2001, p. 18, grifo do original),

> A palavra *teoria* tem origem no verbo grego "theorein", cujo significado é "ver". A associação entre "ver" e "saber" é uma das bases da ciência ocidental.
>
> A teoria é construída para explicar ou compreender um fenômeno, um processo ou um conjunto de fenômenos e processos. Este conjunto citado constitui o domínio empírico da teoria, pois esta tem sempre um caráter abstrato.

Ao observar a realidade, constatamos que ela é muito ampla, o que nos leva a realizar um recorte empírico ou a apresentar explicações parciais. Por meio dessa realidade, pontuamos problemas com base em nossas vivências.

Esses problemas estão inseridos num contexto mais amplo de vários fenômenos sociais, os quais implicam nos chamados *problemas de pesquisa*, por exemplo: Como é a atuação do assistente social nessa realidade?; Qual a efetividade do programa X?; Como é o trabalho interdisciplinar na política da assistência social relacionado com o abuso infantil?; e assim por diante.

Gil (2008, p. 34) destaca que,

> pode-se dizer que um problema é testável cientificamente quando envolve variáveis que podem ser observadas ou manipuladas. As proposições que se seguem podem ser tidas como testáveis: Em que medida a escolaridade influencia a preferência político-partidária? A desnutrição contribui para o rebaixamento intelectual? Técnicas de dinâmica de grupo facilitam a interação entre os alunos? Todos estes problemas envolvem variáveis suscetíveis de observação ou de manipulação. É perfeitamente possível, por exemplo, verificar a preferência político-partidária de determinado grupo, bem como o seu nível de escolaridade, para depois determinar em que medida essas variáveis estão relacionadas entre si.

Dessa forma, de acordo com Gil (2008), o problema deve ser testável e apresentar variáveis que podem ser observadas e manipuladas. Problemas que se referem a objetos amplos, que o pesquisador não consiga discutir na sua pesquisa, ou a objetos amplos e abstratos não devem ser utilizados. Por exemplo: De que forma o trabalho da saúde contribui para que a sociedade atinja a cidadania plena?

Nesse problema, podemos pensar em várias questões, como: O que é cidadania plena? Ela existe em nossa sociedade? Se o trabalho da saúde é abrangente, de que lugar estou falando? Do conselho, da unidade de saúde, do hospital? A sociedade também é abrangente?

Quando definimos o problema, realizamos nosso recorte de pesquisa, que, na pesquisa em Serviço Social, deve referir-se ao objeto e também ao lugar do qual falamos. Por exemplo: Como se dá a participação dos usuários no Conselho de Saúde da Vila Torres?

Nesse problema, houve um recorte especificando o trabalho da saúde (conselho), o fenômeno social (participação) e o lugar onde será o estudo (Vila Torres). Esse recorte é importante na nossa pesquisa, pois o resultado será referente àquela realidade. Essa realidade pode ser comparada a outras, mas, como é um estudo social que abrange muitas variáveis, não pode ser generalizado.

Gil (2008) especifica algumas regras importantes para a formulação do problema, as quais podem ser analisadas de acordo com os exemplos a seguir.

a. **O problema deve ser formulado como pergunta**

Para o autor, a pergunta exige uma resposta direta. No nosso TCC, temos de evidenciar que nos referimos ao nosso problema de pesquisa. Depois de discorrer sobre o objeto e apontar uma problematização, nosso texto deve chegar à pergunta, que é anunciada como o problema. Veja o exemplo:

> Diante do que já foi elencado, o presente trabalho será debatido a respeito do SCFV – Serviço de Convivência e Fortalecimento de Vínculos para o público idoso. Convém destacar que este serviço está disposto de acordo com a Tipificação Nacional de Serviços Socioassistenciais e sua organização do serviço se dá por meio de grupos de jovens, crianças e idosos, de modo que garanta o convívio familiar, comunitário, incentivando a socialização dos membros, ampliando trocas culturais de todos envolvidos. O Serviço de Convivência e Fortalecimento de Vínculos – SCFV trabalha com prevenção de riscos sociais, sendo público-alvo pessoas que moram em

regiões de vulnerabilidade de modo que trabalhe com a prevenção de risco social.

O SCFVI – Serviço de Convivência e Fortalecimento de Vínculos para Idosos é programa que está intrinsecamente direcionado aos idosos que visa à busca do desenvolvimento da autonomia e de sociabilidades, no fortalecimento dos vínculos familiares e do convívio comunitário, bem como a prevenção de situações de risco social.

É importante citar que a partir da Constituição de 1988 se deu o marco legal para consolidação e garantia de direitos, onde a Assistência Social foi reconhecida como direito do cidadão e dever do Estado. Com a promulgação da Constituição Federal, houve muitos avanços para as políticas públicas voltadas à atenção ao idoso, foco deste trabalho.

Diante da contextualização descrita, trazemos como problema de pesquisa saber: Quais os limites e possibilidades encontrados no acesso dos idosos referenciados ao Serviço de Convivência e Fortalecimentos de Vínculos? (Alves, 2016, p. 7)

No TCC, com base na apresentação da contextualização e da problematização, especificando-se o fenômeno e o lugar, o estudante apresenta, de forma clara, o problema da pesquisa.

b. **O problema deve ser delimitado a uma dimensão viável**

Ao redigir o problema, é importante pensar se ele é viável e se pode ser respondido no trabalho de TCC. Gil (2008) destaca que problemas amplos e genéricos tornam a pesquisa inviável.

c. **O problema deve ter clareza**

Os termos utilizados devem ser claros, deixando explícito o que deve ser pesquisado. Alves (2016), no exemplo do item "a", explicita o que é Serviço de Convivência e Fortalecimento de Vínculos a fim de deixar claro ao que se refere. Deve-se evitar termos considerados preconceituosos (como *menor, delinquente, velho, orfanato, excepcional*), buscando-se a linguagem utilizada hoje nas políticas públicas, ou seja, deve-se evitar, ao máximo, o uso de linguagem coloquial, pois o TCC é um trabalho formal.

d. **O problema deve ser preciso**

Para Gill (2008), é fundamental informar os limites da sua aplicabilidade ou utilizar conceitos passíveis de mensuração. Podemos voltar aqui à utilização, por exemplo, do termo *cidadania plena*.

e. **O problema deve apresentar referências empíricas**

O autor problematiza que essas referências não são fáceis de serem aplicadas nas Ciências Sociais, visto que os problemas não podem apresentar considerações valorativas. O assistente social tem formação teórico-metodológica para lidar com questões valorativas nos seus atendimentos, relatórios e pareceres, de forma a não realizar julgamentos. Porém, destacamos que não apresentar considerações valorativas não é sinônimo de *neutralidade*.

f. **O problema deve conduzir a uma pesquisa factível**

É importante pensar *a priori* e verificar a possibilidade de realizar a pesquisa, por meio de contato prévio com a instituição ou com quem temos a pretensão de entrevistar. Vários TCCs se tornam um grande pesadelo para o pesquisador quando a instituição nega seu acesso ou quando os possíveis entrevistados declaram não ter tempo para participar do processo de entrevistas. Por isso, é importante tanto verificar a possibilidade de realmente pesquisar aquele fenômeno quanto delimitá-lo com qualidade.

g. **O problema deve ser ético**

Nossas pesquisas envolvem seres humanos e documentos institucionais, razão por que devem pautar-se em princípios éticos. Sendo assim, é importante sempre apresentar ao entrevistado um termo de autorização.

No Código de Ética do Serviço Social, determina-se:

> Art. 5º São deveres do/a assistente social nas suas relações com os(as) usuários(as):
>
> [...]

c - democratizar as informações e o acesso aos programas disponíveis no espaço institucional, como um dos mecanismos indispensáveis à participação dos(as) usuários(as);

d - devolver as informações colhidas nos estudos e pesquisas aos(às) usuários(as), no sentido de que estes possam usá-los para o fortalecimento dos seus interesses; [...]. (CFESS, 1993)

Assim, é fundamental que o profissional devolva uma cópia do seu trabalho para a instituição, para que esta possa refletir sobre os dados levantados e aprimorar sua intervenção.

Com base nas características elencadas sobre os problemas, pense no problema de pesquisa apresentado. No próximo item, vamos discorrer sobre os objetivos.

4.3 Construção dos objetivos

Depois da construção de um problema, temos de pensar em como chegar a uma solução para esse problema na nossa pesquisa. Os problemas de pesquisa iniciam com verbos no infinitivo, pois apontam para uma **ação de pesquisa**. Neste item, destacaremos algumas ações de pesquisa, pois muitos(as) estudantes as utilizam para intervir no seu problema. São elas:

- reunir os usuários para discutir os problemas de sua comunidade;
- orientar os usuários sobre programas, projetos e serviços;
- realizar visitas domiciliares para registrar os relatos de violência; e assim por diante.

Como nos referimos à resolução de um **problema de pesquisa**, as soluções/os objetivos também serão de pesquisa, ou seja, analisar, pontuar, apontar, discorrer, entre outros. O objetivo geral deve ter uma abrangência mais ampla, pois deve partir de (para) onde se quer chegar, uma vez que os objetivos específicos devem apresentar todos os passos a serem dados para resolver o objetivo geral. Esses passos, porém, deverão ser bem fundamentados, pois não devem mostrar ações diretas e óbvias, como: realizar a pesquisa empírica e apresentar os dados, uma vez que tanto a pesquisa empírica será realizada quanto seus dados apresentados.

Segundo Minayo (2001, p. 42):

> Buscamos aqui responder ao que é pretendido com a pesquisa, que metas almejamos alcançar ao término da investigação. É fundamental que estes objetivos sejam possíveis de serem atingidos. Geralmente se formula um objetivo geral, de dimensões mais amplas, articulando-o a outros objetivos mais específicos.

Para pensar no objetivo geral, é importante considerar o problema de pesquisa. Sendo assim, se pensarmos no nosso problema especificado anteriormente, devemos considerar o seguinte:

Quais são os limites e as possibilidades encontrados no acesso dos idosos referenciados ao Serviço de Convivência e Fortalecimento de Vínculos (SCDV)?

O objetivo geral deve ser amplo e estar em consonância com o problema. Por exemplo: pontuar quais são os limites e possibilidades do trabalho do assistente social. Esse objetivo está em consonância com o problema? Pense: o problema refere-se ao acesso dos idosos, não ao trabalho do assistente social.

Assim, considerando o problema, podemos apresentar o objetivo: analisar os limites e possibilidades encontrados no acesso dos idosos referenciados ao Serviço de Convivência e Fortalecimento de Vínculos (SCFV).

O objetivo, agora, está em consonância com o problema. Porém, antes de pensarmos nos objetivos específicos, vamos apresentar a Taxonomia de Bloom, para facilitar o entendimento da utilização de determinados verbos.

4.3.1 Taxonomia de Bloom e o processo de aprendizagem

A criação da Taxonomia de Bloom é de fundamental importância para compreendermos o processo de aprendizagem e pensarmos com maior efetividade na forma de elaboração do TCC como um todo, não somente dos nossos objetivos. O termo *taxonomia* vem do grego *taxis* (ordenação) e *nomos* (sistema), ou seja, refere-se a um sistema de classificação. Recebeu o nome de *Bloom* devido ao seu criador, Benjamin Bloom, que assumiu a liderança de um projeto para classificar e ordenar os objetivos educacionais em uma Convenção de Psicologia, em Boston, em 1948. A divisão foi realizada de acordo com os domínios cognitivo, afetivo e psicomotor dos objetivos educacionais.

Ferraz e Belhot (2010) explicam as características de cada um desses domínios, as quais podem ser visualizadas no quadro a seguir.

Quadro 4.1 – Características dos domínios cognitivo, afetivo e psicomotor

Cognitivo	Relacionado ao aprender, dominar um conhecimento. Envolve a aquisição de um novo conhecimento, do desenvolvimento intelectual, de habilidade e de atitudes. Inclui reconhecimento de fatos específicos, procedimentos padrões e conceitos que estimulam o desenvolvimento intelectual constantemente.	As categorias desse domínio são: Conhecimento; Compreensão; Aplicação; Análise; Síntese; e Avaliação.
Afetivo	Relacionado a sentimentos e posturas. Envolve categorias ligadas ao desenvolvimento da área emocional e afetiva, que incluem comportamento, atitude, responsabilidade, respeito, emoção e valores.	As categorias desse domínio são: Receptividade, Resposta; Valorização; Organização; e Caracterização.

(continua)

(Quadro 4.1 – conclusão)

Psicomotor	Relacionado a habilidades físicas específicas. Bloom e sua equipe não chegaram a definir uma taxonomia para a área psicomotora, mas outros o fizeram e chegaram a quatro categorias que incluem ideias ligadas a reflexos, percepção, habilidades físicas, movimentos aperfeiçoados e comunicação não verbal.	As categorias desse domínio são: Imitação; Manipulação; Articulação; e Naturalização.

Fonte: Elaborado com base em Ferraz; Belhot, 2010, p. 422-423.

De acordo com Lomena (2006), Guskey (2001), Bloom et al. (1956), Bloom (1972), School of Education (2005) e Clark (2006), citados por Ferraz e Belhot (2010), é importante ter objetivos claros e bem delineados, pois, muitas vezes, o educador espera um nível mais abstrato de aprendizagem, o qual não é concernente com os objetivos declarados de aprendizagem. Assim, para a nossa análise de objetivos, é importante destacarmos o domínio cognitivo. Veja a figura a seguir e associe as categorias.

Figura 4.1 – Categorização atual da Taxonomia de Bloom, proposta por Anderson, Krathwohl e Airasian, no ano de 2001

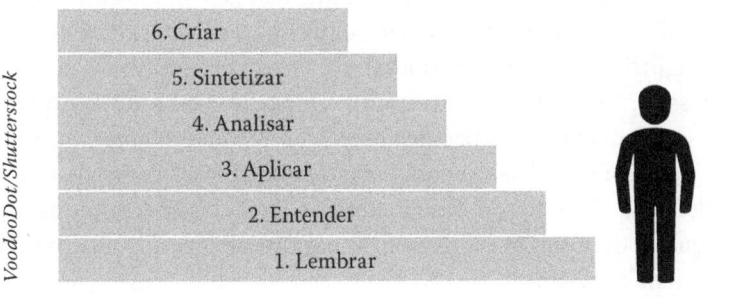

6. Criar
5. Sintetizar
4. Analisar
3. Aplicar
2. Entender
1. Lembrar

VoodooDot/Shutterstock

Fonte: Ferraz; Belhot, 2010, p. 427.

A figura realiza uma leitura do processo de aprendizagem, de acordo com Bloom, relacionando os domínios com o processo de conhecimento. Por exemplo, conhecer é lembrar, e compreender é entender, e ambos estão na base. O mais complexo é avaliar, pois, para o estudante poder fazer uma avaliação, em um processo de pesquisa, ele deverá ter o domínio do conteúdo e saber realizar uma síntese do processo.

Geralmente, no TCC, espera-se que o processo inicial da compreensão do conteúdo já tenha sido superado e o(a) estudante, com base no processo teórico-prático incorporado nas disciplinas do curso, incluindo o estágio supervisionado, possa ter uma capacidade analítica da realidade social, ou, dependendo da modalidade de pesquisa escolhida, que seja capaz de avaliar um programa ou um projeto.

O que se observa é que alguns(algumas) estudantes realizam pesquisas bibliográficas, apresentando conteúdos que não dialogam entre si, por não entenderem o princípio fundamental da pesquisa, da interlocução teórico-prática.

De uma forma mais específica, ao refletir sobre os objetivos, estes devem ser construídos dos mais gerais para os mais específicos, ou seja, os objetivos gerais devem estar em consonância com as habilidades mais complexas, visto que os objetivos específicos devem estar englobados no objetivo geral. Ferraz e Belhot (2010, p. 427) pontuam: "A interpolação das categorias não é total, especificamente no domínio conhecimento, a ordem deve ser respeitada, pois se considera que não há como estimular ou avaliar o conhecimento metacognitivo sem anteriormente ter adquirido todos os anteriores".

Na nossa prática, não é possível, por exemplo, utilizar o verbo *avaliar* como um objetivo específico e *conhecer* (enquanto uma categoria cognitiva mais básica) como objetivo geral. Para dar mais visibilidade à proposta de Bloom, observe cuidadosamente o quadro, que poderá servir de referência para se pensar nos objetivos a serem utilizados.

Quadro 4.2 – Estruturação da Taxonomia de Bloom no domínio cognitivo

Categoria	Descrição
1. Conhecimento	**Definição**: Habilidade de lembrar informações e conteúdos previamente abordados como fatos, datas, palavras, teorias, métodos, classificações, lugares, regras, critérios, procedimentos etc. A habilidade pode envolver lembrar uma significativa quantidade de informação ou fatos específicos. O objetivo principal desta categoria nível é trazer à consciência esses conhecimentos. Subcategorias: 1.1 Conhecimento específico: conhecimento de terminologia; conhecimento de tendências e sequências; 1.2 Conhecimento de formas e significados relacionados às especificidades do conteúdo: conhecimento de convenção; conhecimento de tendência e sequência; conhecimento de classificação e categoria; conhecimento de critério; conhecimento de metodologia; e 1.3 Conhecimento universal e abstração relacionado a um determinado campo de conhecimento: conhecimento de princípios e generalizações; conhecimento de teorias e estruturas. **Verbos**: enumerar, definir, descrever, identificar, denominar, listar, nomear, combinar, realçar, apontar, relembrar, recordar, relacionar, reproduzir, solucionar, declarar, distinguir, rotular, memorizar, ordenar e reconhecer.
2. Compreensão	**Definição**: Habilidade de compreender e dar significado ao conteúdo. Essa habilidade pode ser demonstrada por meio da tradução do conteúdo compreendido para uma nova forma (oral, escrita, diagramas etc.) ou contexto. Nessa categoria, encontra-se a capacidade de entender a informação ou fato, de captar seu significado e de utilizá-la em contextos diferentes. Subcategorias: 2.1 Translação; 2.2 Interpretação; e 2.3 Extrapolação. **Verbos**: alterar, construir, converter, decodificar, defender, definir, descrever, distinguir, discriminar, estimar, explicar, generalizar, dar exemplos, ilustrar, inferir, reformular, prever, reescrever, resolver, resumir, classificar, discutir, identificar, interpretar, reconhecer, redefinir, selecionar, situar e traduzir.

(continua)

(Quadro 4.2 – continuação)

Categoria	Descrição
3. Aplicação	**Definição**: Habilidade de usar informações, métodos e conteúdos aprendidos em novas situações concretas. Isso pode incluir aplicações de regras, métodos, modelos, conceitos, princípios, leis e teorias. **Verbos**: aplicar, alterar, programar, demonstrar, desenvolver, descobrir, dramatizar, empregar, ilustrar, interpretar, manipular, modificar, operacionalizar, organizar, prever, preparar, produzir, relatar, resolver, transferir, usar, construir, esboçar, escolher, escrever, operar e praticar.
4. Análise	**Definição**: Habilidade de subdividir o conteúdo em partes menores com a finalidade de entender a estrutura final. Essa habilidade pode incluir a identificação das partes, análise de relacionamento entre as partes e reconhecimento dos princípios organizacionais envolvidos. Identificar partes e suas inter-relações. Nesse ponto, é necessário não apenas ter compreendido o conteúdo, mas também a estrutura do objeto de estudo. **Subcategorias**: Análise de elementos; Análise de relacionamentos; e Análise de princípios organizacionais. **Verbos**: analisar, reduzir, classificar, comparar, contrastar, determinar, deduzir, diagramar, distinguir, diferenciar, identificar, ilustrar, apontar, inferir, relacionar, selecionar, separar, subdividir, calcular, discriminar, examinar, experimentar, testar, esquematizar e questionar.
5. Síntese	**Definição**: Habilidade de agregar e juntar partes com a finalidade de criar um novo todo. Essa habilidade envolve a produção de uma comunicação única (tema ou discurso), um plano de operações (propostas de pesquisas) ou um conjunto de relações abstratas (esquema para classificar informações). Combinar partes não organizadas para formar um "todo". **Subcategorias**: 5.1 Produção de uma comunicação original; 5.2 Produção de um plano ou propostas de um conjunto de operações; e 5.3 Derivação de um conjunto de relacionamentos abstratos. **Verbos**: categorizar, combinar, compilar, compor, conceber, construir, criar, desenhar, elaborar, estabelecer, explicar, formular, generalizar, inventar, modificar, organizar, originar, planejar, propor, organizar, relacionar, revisar, reescrever, resumir, sistematizar, escrever, desenvolver, estruturar, montar e projetar.

(Quadro 4.2 – conclusão)

Categoria	Descrição
6. Avaliação	**Definição**: Habilidade de julgar o valor do material (proposta, pesquisa, projeto) para um propósito específico. O julgamento é baseado em critérios bem definidos que podem ser externos (relevância) ou internos (organização) e podem ser fornecidos ou conjuntamente identificados. Julgar o valor do conhecimento. Subcategorias: 6.1 Avaliação em termos de evidências internas; e 6.2 Julgamento em termos de critérios externos. **Verbos**: avaliar, averiguar, escolher, comparar, concluir, contrastar, criticar, decidir, defender, discriminar, explicar, interpretar, justificar, relatar, resolver, resumir, apoiar, validar, escrever um *review* sobre, detectar, estimar, julgar e selecionar.

Fonte: Ferraz; Belhot, 2010, p. 426.

Observando o quadro, os autores pontuam as características de cada habilidade do domínio cognitivo, apontando os verbos utilizados, os quais podem ser repetidos em outras habilidades. Assim, para avaliar, é necessário julgar o valor do conhecimento, o que implica em agregar as habilidades anteriores. *Avaliar*, seguindo esse princípio, não poderá ser pontuado nos objetivos específicos.

Vamos ver alguns desses objetivos em exemplos de TCC.

Objetivo geral: Analisar as possibilidades e os limites para a efetivação da política de saúde mental na rede de atendimento à pessoa com doença mental.

Objetivos específicos: Discutir a aplicação da Política de Saúde Mental diante do desmonte do Estado. Desse modo, "Contextualizar a intersetorialidade e a rede de saúde mental. Debater o papel do Serviço Social na efetivação da política de saúde mental na rede de atendimento à pessoa com doença mental" (Rocha, 2017, p. 13-14).

O objetivo geral se propõe a analisar, ou seja, a identificar partes e suas inter-relações, de acordo com a teoria de Bloom. Para isso, os objetivos específicos propõem: discutir a aplicação da Política de Saúde Mental, que subentende a habilidade de aplicação, visto que os conteúdos apreendidos sobre saúde mental serão utilizados na relação com o desmonte do Estado. No outro objetivo, contextualizar subentende descrever, apresentar. Observe que ambos os objetivos específicos são importantes para alcançar o objetivo geral.

Quanto ao último objetivo – debater o papel do Serviço Social... –, ele também está relacionado à habilidade de aplicação. Para enriquecer mais os objetivos, como o relativo a "Contextualizar a intersetorialidade e a rede de saúde mental", poderia destacar o recorte de pesquisa. Veja esta sugestão: **Contextualizar a intersetorialidade e a rede de saúde mental, destacando a importância desses conceitos na saúde mental.**

Outra forma de enriquecer o objetivo é acrescentar *para* ou *a fim de*, por exemplo: **Contextualizar a intersetorialidade e a rede de saúde mental para a compreensão desses conceitos como garantidores de direitos.**

Levando em consideração as informações apresentadas no quadro, realize exercícios com TCC. Analise o problema e os objetivos, elencando quais são mais abrangentes e como podem ser enriquecidos.

4.4 Justificativa

Até esse momento, com base na observação da realidade e no seu referencial teórico, você pensou na contextualização do seu recorte de pesquisa, partindo de um problema e pensando na resolução dele. Dessa forma, determinou seus objetivos de pesquisa. Mas, você já pensou na importância de sua pesquisa, na contribuição que ela pode trazer para a comunidade acadêmica? Essa é a justificativa da pesquisa ou segundo Kahlmeyer-Mertens et al. (2007, p. 50): "Momento no qual se justifica a importância e a validade do problema apresentado".

Esses autores destacam algumas observações consideradas pertinentes para uma justificativa:

- qual a importância acadêmica desse tema;
- por que ele é tão indispensável e digno de ser tratado;
- quais as contribuições que uma pesquisa que trata do tema poderia trazer à comunidade científica;
- qual sua relevância acadêmica;
- quais os diferenciais que essa pesquisa oferece diante de outras abordagens sobre o mesmo tema;
- por que tratar desse tema e não de outro qualquer. (Kahlmeyer-Mertens et al., 2007, p. 50)

Em muitos TCCs, é possível ler: "A importância desta pesquisa é o meu crescimento como acadêmico". A pesquisa, porém, deve ir além disso. A professora Martinelli, em uma palestra para profissionais, em novembro de 2017, destacou a importância de pensarmos no sujeito político ao refletirmos sobre nossa pesquisa. Para ela, todos nós temos uma leitura da realidade; nós nos reconstruímos quando nos apropriamos de nossa história assim como os nossos sujeitos de pesquisa. Assim, além da dimensão política, é necessário pensarmos nas dimensões econômicas e sociais, pois, quando retiramos a dimensão de classe, retiramos a dimensão política de pesquisa.

Nossa pesquisa deve materializar nosso projeto ético-político; sendo assim, a importância dela vai além de um "crescimento pessoal". Temos de pensar de que forma ela contribui para uma reflexão mais ampla, conforme o fenômeno analisado e qual a importância desse fenômeno, considerando a conjuntura apreendida. Em relação à justificativa, Minayo (2001, p. 42) destaca: "Trata-se da relevância, do porquê tal pesquisa deve ser realizada. Quais motivos a justificam? Que contribuições para a compreensão, intervenção ou solução para o problema trará a realização de tal pesquisa?".

É de suma importância essa observação da autora, pois a pesquisa social também aponta resultados, caminhos, e estes podem ser pontuados na justificativa.

Vamos ler alguns exemplos de justificativa.

> Sendo assim, o trabalho no campo da política de saúde mental vem sofrendo avanços ao passar dos anos, dos quais se cabe lembrar do impacto que a lei Paulo Delgado trouxe em 2001, deixando de ver apenas o indivíduo de acordo com a sua patologia, mas, sim, como um cidadão que possui direitos, inclusive, de conviver em sociedade. Mesmo com esses avanços, ainda permanecem os estereótipos históricos que rodeiam o meio social dos usuários com doença mental, como a dificuldade no entendimento de que os usuários não podem mais morar na instituição, ou medo, resumindo-os em pessoas agressivas que precisam estar isoladas, ou até vergonha de ter a doença mental. Dessa forma, é imprescindível estudos e pesquisas para a consolidação de um trabalho interdisciplinar que contempla o olhar de totalidade para a realidade do usuário e proporcionar um tratamento humanizado, desconstruindo, dia após dia, a imagem carregada perante este usuário. (Rocha, 2017, p. 13)

O trabalho trata de uma discussão da Política de Saúde Mental em um hospital psiquiátrico. A estudante mostra, historicamente, a importância da desospitalização, que muda um entendimento do doente mental como aquele que deve estar isolado, mas na justificativa pontua a importância de estudos e pesquisas para a consolidação de um trabalho interdisciplinar, pois muitos desses doentes que não têm encaminhamentos na rede não têm alternativas de desospitalização, o que vai contra a própria política. Ela traz uma contribuição para a resolução do problema.

Outra afirmação muito utilizada na justificativa é não existir trabalhos anteriores que discorrem sobre o tema. Essa afirmação deve ser fundamentada, pois, muitas vezes, pode ser questionada pela banca, ou seja, o estudante deve mencionar que base teórica usou para fazer tal afirmação.

Para a resolução dessa questão, torna-se necessária a prática de pesquisa em base de dados, com pesquisa de palavras-chaves que mostrem, nos últimos anos, as pesquisas existentes sobre o tema. Essa revisão teórica dá maior consistência à pesquisa, pois mostra a frequência com que o tema foi pesquisado.

A justificativa da outra estudante mostra a inovação da sua pesquisa:

> Neste sentido, como a Vigilância Socioassistencial ainda não está implantada em muitos municípios, a compreensão dela faz-se necessária para que a implantação seja efetivada com sucesso. Levando sempre em consideração seus objetivos em torno do território, da vulnerabilidade e risco social, sendo que esses conceitos são considerados dinâmicos em decorrência da política pública ainda ser fragmentada, fragilizada, pontual e paliativa. (Santos, 2017, p. 13)

Nessa justificativa, a estudante explora um tema da Assistência Social, a Vigilância Socioassistencial, que são dados relativos à demanda da política nas prefeituras, que ainda não foram implantados em todos os municípios, embora exista uma obrigatoriedade política. Ela explora esse viés, mostrando a importância de compreender o tema e os conceitos fundamentais no seu objeto, que são território, risco e vulnerabilidade. Assim, a questão a ser comprovada depende também das suas características para serem exploradas na justificativa. Os dados relativos aos fenômenos também justificam seu estudo, ou seja, considerar um alto índice de violência contra a mulher naquela realidade justifica um fenômeno a ser pesquisado. É o pesquisador que vai buscar qual é o diferencial do seu tema e como será sua justificativa.

4.5 Questões norteadoras e hipóteses

Em vários trabalhos de pesquisa, são determinadas hipóteses que pontuam relações entre variáveis que serão testadas. Para Tozoni-Reis (2009, p. 59), "Elementar, mas correta é a definição da hipótese como resposta provisória ao problema".
A hipótese precisa ser comprovada pela pesquisa e é criada com base em um problema.
Geralmente, os projetos que não exigem testagem estatística podem utilizar questões de pesquisa, mais usadas no Serviço Social, conhecidas como *questões norteadoras* ou *questões que norteiam o projeto*.

Temos como exemplo o problema de pesquisa e algumas questões norteadoras:

Como se dá a atuação do Serviço Social na captação de recursos das organizações do terceiro setor?

E tendo como questões norteadoras:

Como se organiza o terceiro setor na sociedade contemporânea?

Qual o perfil do profissional de Serviço Social atuante no terceiro setor?

Quais as intervenções realizadas pelo Serviço Social no terceiro setor? (Andolfato, 2016, p. 12)

Assim, ao responder o problema de pesquisa, é necessário, sempre, investigar, no sentido de dar respostas às hipóteses ou às questões norteadoras.

Síntese

Neste capítulo, apresentamos a importância da pesquisa e as modalidades que podem ser utilizadas para a construção de um TCC na área do Serviço Social. Discutimos, também, o problema como um recorte do fenômeno a ser pesquisado, bem como sua definição e viabilidade que resultam em evidências empíricas na realidade social. Enfatizamos os elementos básicos da construção dos objetivos, utilizando a Taxonomia de Bloom para organizá-los de forma cognitiva, assim como a justificativa do trabalho e as formas de reflexão sobre a relevância da pesquisa. Além disso, no que tange às hipóteses, pontuamos a forma de construção e suas questões norteadoras, além da pesquisa como o instrumento mais utilizado nos TCCs do Serviço Social.

Para saber mais

Recomendamos a leitura de TCCs na área de Serviço Social, observando a relação entre problema, objetivos, questões norteadoras, justificativa e capítulos, assim como o registro de suas conclusões.

Questões para revisão

1. Em relação ao objeto de pesquisa, é correto afirmar:

   a) *Objeto* é aquilo que deve ser tratado, delimitado, determinado ou descrito pontualmente.
   b) Objeto deve ser objetivo e, por isso, neutro.
   c) O objeto é construído no momento da finalização do TCC.
   d) O objeto justifica o problema de pesquisa.
   e) O objeto não tem relevância na elaboração do TCC.

2. A efetividade de um projeto está relacionada:

   a) aos objetivos e às metas.
   b) aos custos e à otimização de recursos.
   c) aos resultados e impactos.
   d) à problemática da pesquisa.
   e) unicamente à capacidade do aluno.

3. Com relação ao problema de pesquisa, avalie as seguintes afirmativas:
   I) O problema deve ser amplo, para abranger várias expressões da questão social.
   II) O problema deve ser formulado como pergunta.
   III) O problema deve ser ético.

   Está(ão) correta(s) a(s) afirmativa(s):

   a) I e II.
   b) II.
   c) III.
   d) II e III.
   e) Todas as afirmativas estão corretas.

4. Comente a importância de definir os objetivos na elaboração de um TCC.

5. Como a Taxonomia de Bloom pode ser utilizada para planejar o TCC.

Questões para reflexão

1. Considerando sua vivência de estágio, discorra sobre uma das modalidades de TCC que mais se identificam com o seu problema de pesquisa.

   Dica: Reflexão com base na vivência de pesquisa do(a) estudante.

2. O objetivo geral da pesquisa é: "Descrever o trabalho do assistente social no serviço de convivência e o fortalecimento de vínculos do CRAS Uruguai". O objetivo específico da mesma pesquisa é: "Analisar os instrumentais técnico-operativos do trabalho do assistente social". Considerando a Taxonomia de Bloom e as categorias elencadas, faça uma análise dos objetivos, apontando suas contradições e como eles deveriam ser organizados.

   Dica: O(A) estudante deve diferenciar as categorias da Taxonomia de Bloom e relacioná-las aos objetivos propostos, mostrando que o verbo *analisar* é mais geral do que o verbo *descrever* e que a ordem deles nos objetivos deve ser revista.

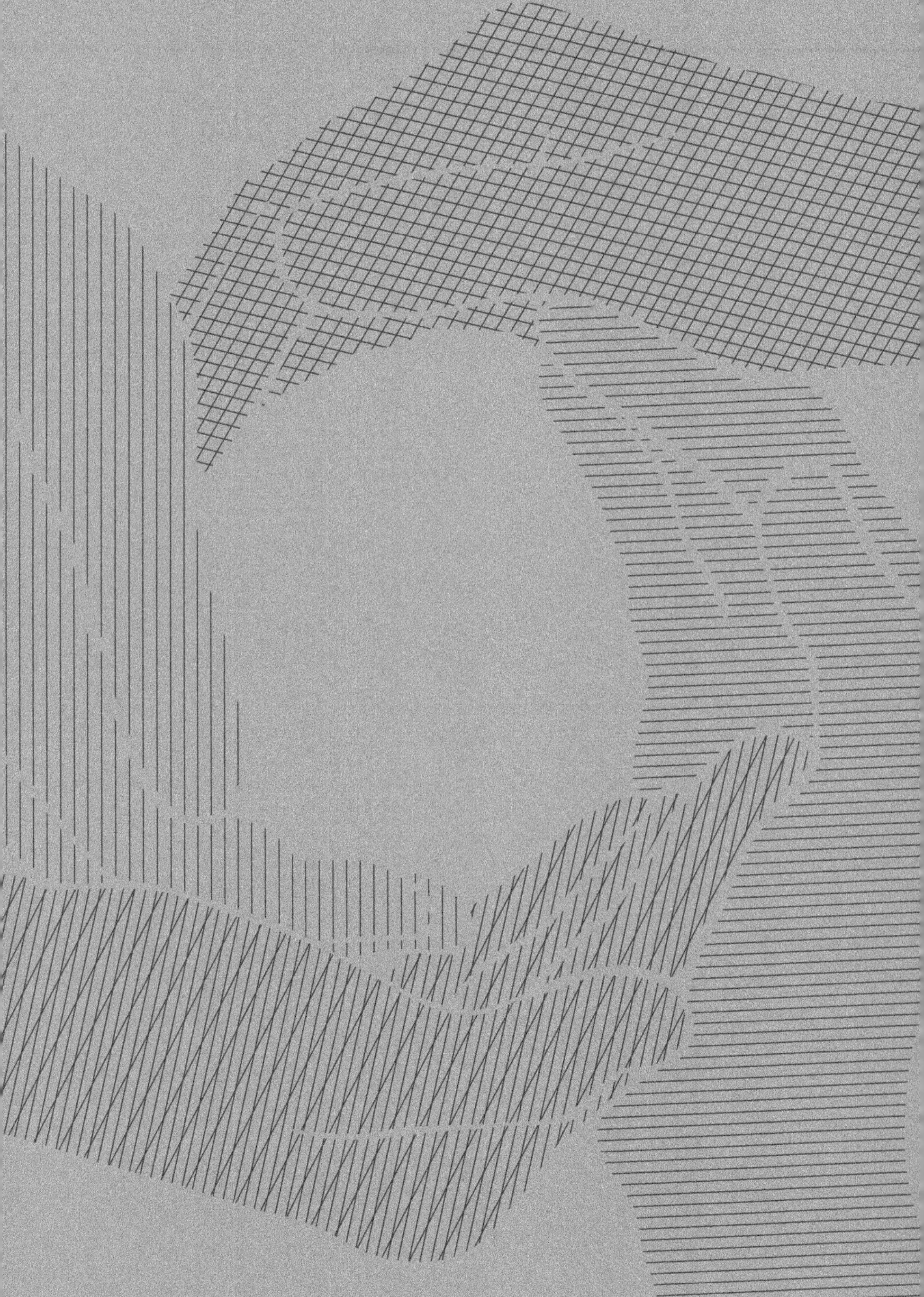

CAPÍTULO 5

Metodologia de pesquisa: costurando o trabalho científico

Conteúdos do capítulo

- Método e metodologia.
- Pesquisa quantitativa, pesquisa qualitativa e pesquisa de método misto.
- A seleção dos participantes e amostragem.
- Instrumentos de coleta de dados.

Após o estudo deste capítulo, você será capaz de:

1. refletir sobre os conceitos de método e metodologia, relacionando-os com a pesquisa;
2. apresentar a natureza da pesquisa, diferenciando-a em pesquisa quantitativa, pesquisa qualitativa e pesquisa de métodos mistos;
3. explicar como se dá a seleção dos participantes na pesquisa;
4. identificar diferentes instrumentos de coleta de dados.

5.1 Metodologia e método: traçando os caminhos da pesquisa

Iniciaremos este capítulo apresentando elementos para a metodologia de pesquisa. Para isso, escolhemos uma passagem de um clássico da literatura para abordar nosso primeiro tópico. Vejamos:

> "Gatinho de Cheshire" começou um pouco tímida, pois não sabia se ele gostaria do nome, mas ele abriu mais o sorriso. "Vamos, parece ter gostado até agora", pensou Alice, e continuou. "Poderia me dizer, por favor, que caminho devo tomar para sair daqui?". "Isso depende bastante de onde você quer chegar", disse o Gato. "O lugar não me importa muito...", disse Alice. "Então não importa que caminho você vai tomar", disse o Gato. (Carroll, 1998, p. 84)

A história de Alice mostra como é necessário tomar um caminho para alcançar nossos objetivos; como o gato pondera bem, se você não sabe aonde ir, não importa o caminho a tomar.

Antes de você entender a natureza da pesquisa, queremos propor algumas notas sobre o sentido de *método* e *metodologia*, visto que nem sempre encontramos clareza nos conceitos e no entendimento entre os autores. Algo com o qual podemos concordar é sobre o aprendizado que obtemos com a pesquisa social, desde que sabendo o que estamos fazendo, pois alguns pesquisadores poderão concordar com Alice, que "não importa muito para onde vai".

Para que a pesquisa tome o caminho, vamos começar com o conceito de **método**.

Qual sentido podemos dar à noção de ***método***? Por se tratar de um conceito que tem muitas acepções, nada melhor do que recorrermos a um dicionário especializado.

> "Derivado do grego *méthodos*, formado pelo prefixo *metá*, "além de", "através de", "para", e o radical *odós*, "caminho". Poder-se-ia, então, traduzir a palavra por "caminho para" ou, então, "prosseguimento",

"pesquisa". O método é um processo intelectual de abordagem de qualquer problema mediante a análise prévia e sistemática de todas as vias possíveis de acesso à solução. Opõe-se, pois, a um modo de trabalhar confiado exclusivamente na improvisação ou na inspiração repentina". (Método, 2019)

Método é o caminho ou a maneira para chegar a um determinado fim ou objetivo. Os objetivos a que a definição faz referência pode seguramente clarear aqueles que a pesquisa social procura. "É o conjunto das atividades sistemáticas e racionais que, com maior segurança e economia, permite alcançar o objetivo – os conhecimentos válidos e verdadeiros – traçando o caminho a ser seguido, detectando erros e auxiliando as decisões do cientista" (Lakatos; Marconi, 1985, p. 81).

Como é possível observar, método é um conceito que se complementa à medida que adquire uma aplicação ao processo de pesquisa. Mas, além disso, podemos buscar algumas considerações históricas para enriquecer nosso entendimento com base em duas questões: Qual é o sentido da existência de um método? Como foi elaborado ao longo da história?

Essas duas questões serão a base para descrevermos a constituição e a politização do método. A sua origem remonta os séculos XVI e XVII.

Quem primeiro realizou um esboço racional de uma metodologia científica foi Francis Bacon (1561-1626), na sua obra *Novum Organum.*

O método surgiu no movimento de valorização do pensamento racional. Acreditava-se que, pela razão, era possível conhecer e transformar o mundo. Por isso, foram construídos meios confiáveis de produção do conhecimento, e o método deveria ser operacionalizado pelo sujeito do conhecimento (aquele versado nas habilidades da produção do conhecimento) e disposto a intervir no mundo das coisas.

Provocar mudanças na vida social já seria o questionamento amplamente rico nessa reflexão histórica, mas o que a ideia do método propunha era ser um divisor na então supremacia das interpretações teocêntricas, propondo-se a desvincular a produção do saber da realidade eclesiástica. Com o surgimento das universidades laicas, buscava-se outra possibilidade de interpretação ou explicação para a realidade social, na dimensão humana da existência, sem a interferência de realidades divinas.

Para viabilizar essa ideia, foram construídas técnicas confiáveis de observação a fim de realizar experimentos e elaborar hipóteses e princípios. Nasce, assim, a ciência: ordenar as coisas, sistematizá-las, identificar a unidade e a diversidade; mensurar, decompor um todo em partes, analisar – essas eram as razões de ser da ciência.

Nota-se que, com o nascimento da ciência, havia a preocupação de estar em sintonia com a expansão capitalista e com o aumento da capacidade produtiva. Em outras palavras, a ciência foi construída com base no interesse da sociedade burguesa nascente.

Desse modo, o desenvolvimento metodológico se tornou imprescindível para estabelecer ou mesmo justificar intervenções que modificassem a sociedade, alterando as relações entre ciência e sociedade: a produção do saber se consagra como fonte de poder.

Se, por um lado, aconteceu uma dessacralização do conhecimento, de outro, ocorreu uma supervalorização do trabalho, elevado à categoria divina.

Todas as atividades consagradas ao pensamento reflexivo e ao ócio eram consideradas improdutivas e, ao mesmo tempo, valorizava-se a disciplina do corpo e do pensamento: o corpo, pela técnica, e a mente, pelo método. Isso ocorreu simultaneamente à ascensão da burguesia. Assistimos, dessa forma, à consolidação do projeto burguês: política e ciência têm o reconhecimento capaz de promover o domínio da natureza e disciplinar os homens à lógica da produtividade e da acumulação.

Algo a ser considerado na questão do método é sua relação com as metodologias. Alguns autores não fazem distinção entre *método* e *metodologia*. Não é difícil encontrar, nas literaturas, abordagens de *método* como o conjunto de técnicas, mas isso significa uma enorme redução naquilo que ele pode representar.

"Método envolve, sim, técnicas que devem estar sintonizadas com aquilo que se propõe; mas, além disso, diz respeito a fundamentos e processos, nos quais se apoia a reflexão" (Oliveira, 1998, p. 21).

Para Minayo (2007), a metodologia indica as opções e a leitura operacional que o pesquisador faz do quadro teórico. A autora afirma que a metodologia determina não somente a fase de exploração de campo, mas também a definição de instrumentos e procedimentos para análise de dados. A autora cita como elementos da metodologia a definição de amostragem, a coleta de dados e a organização e análise de dados (Minayo, 2007).

Dessa forma, no contexto de pesquisa, *método* significa um percurso escolhido, dentre outros possíveis. O pesquisador nem sempre têm consciência do caminho que vai seguir, mas nem por isso deixa de assumir o método. Todavia, não ter consciência de um método apresenta muitos riscos de não proceder criteriosa e coerentemente com as premissas teóricas que fundamentam o seu pensamento. Dito de outra forma, o método precisa ser coerente com o referencial teórico escolhido pelo pesquisador.

Assim, sendo coerente com a sua filosofia de pensamento, o caminho escolhido torna-se seguro, uma via de acesso que permite interpretar com maior coerência e correção possíveis as questões sociais estabelecidas num dado estudo dentro da perspectiva proposta pelo pesquisador.

Essa abordagem em relação ao método nos faz entender que, com base no caminho escolhido e em sua referência teórica, a pesquisa mostrará uma determinada natureza e exigirá do pesquisador uma postura em relação às metodologias escolhidas para a coleta e a análise de dados. Dessa forma, vemos a pesquisa no seu todo, e não elementos separados e que são justapostos para dar uma certa coerência.

Mas, é bom frisarmos que será sempre uma escolha do pesquisador, com base em uma postura teórica que é própria daquele que se põe no caminho da investigação.

5.2 Quantitativo e qualitativo: diferentes naturezas de pesquisa

Neste capítulo, vamos pensar em como estamos "costurando" o trabalho científico seguindo a ideia do filme *Colcha de retalhos*, que narra a experiência de um grupo de mulheres maduras que se reúne a cada ano para produzir uma colcha de retalhos. Cada uma imprime suas experiências no pedaço que borda e, ao final, tem-se como resultado uma linda colcha artesanal, que mostra momentos da vida dessas mulheres e seus significados.

Assim, ao pensar no método e na metodologia da pesquisa, bem como na forma como isso vai se construindo, podemos associá-los a uma colcha de retalhos, onde cada parte é pensada com base em nossa vivência e em nossas experiências. Na colcha, depois do processo de criatividade, é necessário pensar nas técnicas de como utilizar o pano, o fio e a agulha, para que o resultado final seja uma colcha bonita, benfeita. No nosso trabalho, temos de utilizar técnicas de coleta de dados e de análise que nos permitam ter um resultado que traga riqueza e relevância aos nossos pares.

Anteriormente, analisamos a pesquisa como parte do conhecimento do ser humano. O homem busca compreender a realidade em que está inserido. Conforme afirma Tozoni-Reis (2009, p. 7): "O importante aqui é compreender a pesquisa como um processo de produção de conhecimentos para a compreensão de uma dada realidade, isto é, que auxiliem na sua interpretação".

Porém, para realizar uma pesquisa dentro das diversas áreas de conhecimento, padronizamos procedimentos que podem e devem ser compreendidos entre nossos pares, ou seja, entre outros estudiosos que discutem os temas pertinentes à área de pesquisa no meio acadêmico. Esse processo inicia-se por uma revisão teórica do objeto de pesquisa. Tozoni-Reis (2009) destaca que temos de nos preocupar com o rigor da pesquisa, mas, ao mesmo tempo, ela deve ter relevância social.

Minayo (2007, p. 26) apresenta um conceito de ciclo de pesquisa em um processo que inicia em espiral, "que começa com um problema ou uma pergunta e termina com um produto provisório capaz de dar origem a novas interrogações".

Em um processo de pesquisa, lembramos a canção *Samba de uma nota só*, de Tom Jobim: "Eis aqui este sambinha feito numa nota só, outras notas vão entrar, mas a base é uma só" (Jobim; Mendonça. 1960). Em um processo de pesquisa, temos a base, ou seja, um problema inicial, que será perseguido até as considerações finais do trabalho. Outras notas vão enriquecendo, "mas a base é uma só". Não podemos iniciar a pesquisa nos propondo a "analisar o trabalho do assistente social no CRAS" e acabar fazendo considerações sobre a situação da Política de Saúde no Brasil. É importante sempre retomar o problema e os objetivos da pesquisa.

Depois de organizar o referencial teórico, vamos pensar na forma de coleta de dados da pesquisa para responder nosso problema e alcançar nossos objetivos. É importante, porém, antes de refletir sobre a coleta de dados e a amostra que vamos definir, compreender a natureza da pesquisa, ou seja, se ela é qualitativa ou quantitativa. E tudo começa com uma questão histórica!

5.2.1 A pesquisa quantitativa

Por muito tempo na história da ciência, o *status* científico era reconhecido apenas para pesquisas quantitativas, consideradas neutras, objetivas. A partir do século XIX, o modelo científico, que era utilizado nas Ciências Naturais, como química, física e biologia, passou a ser empregado para investigar o mundo social. O grande expoente dessa forma de pensamento é Augusto Comte, com o positivismo, que descreve a sociologia como "física social". De acordo com Moreira e Caleffe (2008, p. 50):

Os pesquisadores positivistas não aceitam que eles possam ser variáveis significantes na pesquisa; assim, ao testar hipóteses, eles esperam que outros pesquisadores cheguem às mesmas conclusões que eles chegaram. Devido a isso, a forma preferida para relatar as pesquisas é evitar o uso de pronomes pessoais. Por exemplo, o uso de eu e meu não é considerado adequado.

O método *quantitativo*, como indica o nome, é caracterizado pela utilização da quantificação, tanto na coleta de informações quanto no tratamento delas, por meio de técnicas estatísticas, assim como do coeficiente de correlação, da análise de regressão etc. Sua principal preocupação é garantir a precisão dos resultados, evitar distorções de análise e interpretação e garantir uma margem de segurança quanto às inferências. Assim, pensando na **pesquisa quantitativa**, seus dados são observáveis, medidos, além de abranger uma amostra maior de dados; então, padrões podem ser definidos e generalizações realizadas com os dados coletados. Assim, muitos pesquisadores argumentam que essas pesquisas têm maior credibilidade, pois, quanto maior a amostra, melhor será a explicação e a confiabilidade.

Os dados observáveis são chamados de *variáveis*, que são "as características que podem ser observadas (ou medidas) em cada elemento da população sob as mesmas condições" (Barbetta, 2001, p. 27).

Dessa forma, as variáveis podem ser: estado civil, idade, sexo etc. As pesquisas tipo levantamento, por exemplo, utilizam variáveis. As variáveis, nesse contexto de análise, devem, com base em um problema, ser definidas de forma mensurável, para que sejam ou não refutadas empiricamente.

Porém, Moreira e Caleffe (2008, p. 55) apontam duas críticas em relação aos dados quantitativos:

> Primeiro, os pesquisadores chamaram a atenção para as limitações e os problemas das técnicas de pesquisa que são planejadas para a coleta de dados quantitativos. Segundo, os pesquisadores têm indicado os problemas envolvidos quando se confia somente em medidas e índices objetivos e quantificáveis dos fenômenos sociais sem prestar atenção às interpretações e significados que os indivíduos dão aos eventos e situações de forma qualitativa.

Dessa forma, a pesquisa quantitativa também traz limitações em seus resultados, pois os números não mostram que as motivações podem ter produzido aquele resultado.

5.2.2 Pesquisa qualitativa: algumas notas históricas

O que hoje podemos chamar de *estudos qualitativos* começaram a aparecer nas Ciências Sociais a partir da segunda metade do século XIX. Uma das primeiras pesquisas utilizando observação direta da realidade foi apresentado no estudo sociológico de Frédéric Le Play (1806-1882) e publicado em 1855.

Essa pesquisa trata das famílias das classes trabalhadoras da Europa, com base em dados coletados em uma das viagens que ele realizou pela Europa. Play desenvolveu uma série de monografias de famílias típicas da classe trabalhadora, identificadas entre pessoas que exerciam determinadas ocupações. Do ponto de vista metodológico, inovou ao desenvolver um estudo comparativo das monografias.

Outro pesquisador que agora citamos, Henry Mayhew (1812-1887), na sua obra *London Labour and the London Poor*, utilizou histórias de vida e entrevistas em profundidade da coleta de informações sobre as condições de pobreza dos trabalhadores e desempregados de Londres.

Mas a primeira obra sobre os aspectos metodológicos do que hoje entendemos por *abordagem qualitativa* surgiu com Sidney (1859-1947) e Beatrice (1858-1943) Webb. Eles escreveram sua técnica de investigação social numa obra denominada *Methods of Social Investigation*, publicada em 1932. Essa obra apoiava-se fundamentalmente na descrição e na análise das instituições, e não em uma teoria estabelecida *a priori*. Valorizavam-se as entrevistas, os documentos e as observações pessoais (Godoy, 1995).

Já na década de 1930, ganhou destaque a escola de Chicago, que trouxe importantes contribuições do ponto de vista metodológico e conceitual. Em 1937, Herbert Blumer (1900-1987) chegou ao termo *interacionismo simbólico* para a escola do pensamento sociológico, marcado por características essenciais. Blumer, ao conceber a sociedade como processo, entendia que o indivíduo e a sociedade mantêm constante e estreita inter-relação e que o aspecto subjetivo do comportamento humano é necessário para a formação e a manutenção da dinâmica do grupo social. Atribuiu importância fundamental ao sentido que as coisas (objetos físicos, seres humanos, instituições e ideias que são valorizadas) têm para os indivíduos, ressaltando que esse sentido surge no processo de interação entre as pessoas.

Entende-se, dessa maneira, que, sobre o ponto de vista metodológico, o melhor modo de se captar a realidade é quando o pesquisador se coloca no papel do outro, para poder ter a visão do mundo que o outro tem. Por isso, é importante ao pesquisador a investigação do mundo tal como ele se apresenta. Para tanto, os procedimentos são a observação direta, o trabalho de campo, a observação do participante, a entrevista, a história de vida, cartas, diários, documentos públicos, fotos etc.

Nos anos 1960, a pesquisa qualitativa foi incorporada em outras áreas, além da sociologia e da antropologia. Aumentou o interesse pela abordagem qualitativa em publicações, como livros, artigos e revistas, voltadas para a teoria e para a metodologia, que dão sustentação a esse tipo de estudo. Embora os debates metodológicos entre a pesquisa quantitativa *versus* qualitativa continuassem, a tensão entre seus representantes diminuiu e o diálogo começou a acontecer. Dentre alguns pesquisadores do círculo qualitativo, destacamos D. Campbell e L. Cronbach, que começaram a valorizar a possibilidade de se fazer pesquisa em Ciências Sociais, mostrando sua importância.

5.2.3 Características da pesquisa qualitativa

A pesquisa qualitativa não pode ser quantificada. Minayo (2007, p. 21-22) a define da seguinte forma:

> A pesquisa qualitativa responde a questões muito particulares. Ela se preocupa, nas ciências sociais, com um nível de realidade que não pode ser quantificado. Ou seja, ela trabalha com o universo de significados, motivos, aspirações, crenças, valores e atitudes, o que corresponde a um espaço mais profundo das relações, dos processos e dos fenômenos que não podem ser reduzidos à operacionalização de variáveis.

Assim, trata-se da interpretação e dos significados que os indivíduos dão à realidade social. A pesquisa qualitativa aborda uma amostra menor no universo da pesquisa, mas esse aspecto não define que não há rigor científico nesse tipo de pesquisa. Minayo (2007, p. 22) apresenta essa relação:

> Não existe um "continuum" entre "qualitativo-quantitativo", em que o primeiro termo seria o lugar da "intuição", da "exploração" e do "subjetivismo"; e o segundo representaria o espaço do científico, porque traduzido "objetivamente" e em "dados matemáticos".
>
> A diferença entre qualitativo-quantitativo é de natureza. Enquanto cientistas sociais que trabalham com estatística apreendem dos fenômenos apenas a região "visível, ecológica, morfológica e concreta", a abordagem qualitativa aprofunda-se no mundo dos significados das ações e relações humanas, um lado não perceptível e não captável em equações, médias e estatísticas.

Desse modo, essas pesquisas vão se complementar. Um exemplo: ao realizar um levantamento das estudantes negras mulheres na Engenharia, em uma Universidade Federal, foi constatado que elas estavam em número menor (inexistente em algumas engenharias) e seus índices de desempenho eram baixíssimos em relação às mulheres brancas. Esses dados, porém, ao serem comparados com outras variáveis (situação de renda, tipos de escola, empregos), não tinham por si como levantar as causas dessa situação. Ao entrevistar uma amostra de mulheres, elas relatam sua história escolar e acadêmica, constatando-se problemas na educação fundamental, mas também preconceito entre seus pares na universidade, incluindo discentes colegas e docentes. Esses dados não são "visíveis" na pesquisa. As relações estabelecidas no ambiente universitário somente podem ser apreendidas na relação com o sujeito de pesquisa.

Hoje, ao serem utilizadas as duas naturezas de pesquisa, pode-se empregar a expressão: "a pesquisa será predominantemente qualitativa", ou seja, é uma pesquisa qualitativa que utiliza algumas técnicas quantitativas, e vice-versa. No Serviço Social, é mais comum o uso da pesquisa qualitativa, pois há uma interação do(a) estudante com profissionais e/ou usuários nos campos de estágio, o que facilita conhecer suas percepções.

Martinelli (1999), assistente social, professora na Pontifícia Universidade Católica de São Paulo (PUC-SP), realiza um relato belíssimo ao mostrar, na sua trajetória profissional, a mudança da pesquisa que ela chama de *clássica* para a pesquisa qualitativa, utilizando o poema de Cecília Meireles, *Reinvenção* e afirmando que "a pesquisa só é possível reinventada" (Martinelli, 1999, p. 19). Para a autora, a pesquisa quantitativa é importante para dimensionar problemas, mas insuficiente para trazer as concepções dos sujeitos. Também é importante o diálogo com saberes múltiplos, pois o saber não é "posse" de cada profissão.

A autora enfatiza três pressupostos importantes que fundamentam o uso de metodologias qualitativas nas pesquisas. Vamos ver cada um deles:

1. **Reconhecimento da singularidade do sujeito**: A pesquisa permite que o sujeito se revele, e este se revela no discurso e na ação.
2. **Reconhecimento da importância de se conhecer a experiência social do sujeito**: Isso envolve o modo de vida do sujeito, seus sentimentos, suas crenças, seus costumes, seus valores e suas práticas sociais cotidianas.
3. **Conhecer o modo de vida do sujeito pressupõe o conhecimento de sua experiência social**: A autora cita Thompson, argumentando que o viver histórico do sujeito e a sua experiência social expressam sua cultura (Martinelli, 1999).

Os assistentes sociais se apropriam, na sua prática profissional, da singularidade dos sujeitos, com base em sua comunicação, que pode ser do discurso, da observação das diversas formas de expressão ou outras formas que, muitas vezes, não são apreendidas na pesquisa.

Gibbs (2009) afirma que a pesquisa qualitativa inclui praticamente qualquer forma de comunicação humana. Observe todas as formas citadas pelo autor:

- entrevistas individuais ou grupos focais e suas transcrições;
- observação participante etnográfica;
- correio eletrônico;
- páginas da internet;
- propaganda: impressa, filmada ou televisionada;
- gravações de vídeo de transmissão de TV;
- diários em vídeo;
- vídeos ou entrevistas e grupos focais;
- vários documentos, como livros e revistas;
- diários;
- conversas em grupos de bate-papo na internet;
- arquivos de notícia da internet;
- fotografias;
- filmes;
- vídeos caseiros;
- gravações em vídeos de sessões de laboratório. (Gibbs, 2009, p. 17)

Acrescenta-se a tudo isso a observação, embora esta não tenha uma característica etnográfica, e a pesquisa em documentos, que são mais institucionais.

Apesar de ser um instrumento mais comum na pesquisa quantitativa, o questionário também é utilizado como estratégia na pesquisa qualitativa, quando o informante é mais resistente à entrevista ou não dispõe de tempo para dela participar. Nesse caso, são utilizadas mais perguntas abertas, que levam o entrevistado a dar várias respostas diferentes, mas concernentes às questões. Muitos(as) estudantes alegam fazer questionários mais curtos pelo tempo exíguo de pesquisa. Nossa orientação é que, se o questionário for utilizado na pesquisa qualitativa, ele deve ser mais rico, para dar subsídios, pois, se o informante não responder com riqueza de detalhes, pode inviabilizar a pesquisa.

Os diários utilizados apresentam as anotações realizadas no estágio, por isso sua importância e também a do registro, o qual será destacado no próximo capítulo.

Porém, não podemos perder de vista que "a relação entre pesquisa quantitativa e qualitativa não é de oposição, mas de complementaridade e articulação" (Martinelli, 1999, p. 27). Em decorrência disso, vamos conhecer um pouco a pesquisa de métodos mistos, para refletir sobre como as formas de pesquisa podem se complementar.

5.3 Pesquisa de método misto

O conceito de reunir diferentes métodos teve sua provável origem no ano de 1959, quando Campbell e Fiske utilizaram métodos múltiplos para estudar a validade das características psicológicas. Esse estudo encorajou outras iniciativas multimétodos, assim como técnicas associadas a métodos de campo envolvendo observações e entrevistas, como dados qualitativos, combinados com estudos envolvendo dados quantitativos.

A abordagem de *métodos mistos*, como são chamados, teve uma grande repercussão nos últimos anos; não obstante, deparamo-nos com questões que ainda precisam de aprofundamento, como as questões metodológicas e de delineamento em pesquisas dessa natureza.

Vamos demonstrar, então, algumas características e noções de pesquisa de métodos mistos, que nos ajudarão a compreender a natureza e algumas dificuldades na utilização dessa abordagem.

Na sua concepção, a pesquisa de métodos mistos combina os métodos quantitativo e qualitativo e tem uma orientação metodológica. Tashakkori e Creswell (2007, p. 4, citados por Creswell; Clark, 2015, p. 22) definem alguns componentes fundamentais nesse tipo de pesquisa: "A pesquisa de métodos mistos é definida como aquela em que o investigador coleta e analisa os dados, integra os achados e extrai inferências usando abordagens ou métodos qualitativos e quantitativos em um único estudo ou programa de investigação".

Entendemos, conforme esses itens apontam, que não se pode, em decorrência de um levantamento com 10 usuários pontuados, denominar a pesquisa de *método misto*. Essa pesquisa é rigorosa tanto no método quantitativo quanto no qualitativo; por isso, em uma graduação, é difícil de ser utilizada pelo pouco tempo para o trabalho de conclusão de curso (TCC). No caso da utilização de levantamento, a pesquisa é vista como predominantemente qualitativa.

Sendo assim, quando podemos utilizar o método misto?

> **Os problemas de pesquisa adequados aos métodos mistos** são aqueles em que uma fonte de dados pode ser insuficiente, os resultados precisam ser explicados, os achados exploratórios precisam ser generalizados, um segundo método é necessário para melhorar o método primário, uma postura teórica necessita ser empregada e um objetivo geral na pesquisa pode ser mais bem tratado com fases ou projetos múltiplos. (Creswell; Clark, 2015, p. 24, grifo do original)

Há várias formas de misturar os métodos quantitativos e qualitativos. Vamos ver algumas delas:

- **Mistura durante a interpretação**: O pesquisador vai extrair conclusões ou inferências que reflitam o que foi aprendido na combinação dos dados.
- **Mistura durante a análise de dados**: O pesquisador analisa os dados quantitativos e qualitativos e depois realiza uma análise combinada.

- **Mistura durante a coleta de dados**: A mistura ocorre na maneira em que os dois elementos são conectados, usando o primeiro elemento para moldar a coleta de dados do segundo.
- **Mistura durante o projeto**: A mistura "pode envolver misturar dentro de um projeto de pesquisa quantitativo ou qualitativo uma teoria emancipatória, uma teoria da ciência social substantiva ou um objetivo geral do programa" (Greene, 2007, citado por Creswell; Clark, 2015, p. 71).

Para conhecimento, vamos pensar nas várias estratégias de pesquisa de método misto, de acordo com o quadro a seguir.

Quadro 5.1 – A abordagem mista e a pesquisa social

	Características	Maior peso	Objetivo
Estratégia explanatória sequencial	1. Recolha e análise de dados qualitativos 2. Recolha e análise de dados quantitativos sobre os resultados qualitativos iniciais	Quantitativos, surgindo os qualitativos como secundários	▪ Explicar e interpretar resultados quantitativos inesperados ▪ Explicar e interpretar relações
Estratégia explanatória sequencial	1. Recolha e análise de dados qualitativos 2. Recolha e análise de dados quantitativos sobre os resultados qualitativos iniciais	Qualitativos, surgindo os quantitativos como secundários	▪ Explicar e interpretar resultados qualitativos inesperados ▪ Explorar um fenômeno
Estratégia transformativa sequencial	▪ Fase inicial (quantitativa ou qualitativa) seguida de segunda fase (qualitativa ou quantitativa) a partir da fase anterior	Pode ser atribuído a uma das fases ou distribuído igualmente a ambas	▪ Explorar um problema

(continua)

(Quadro 5.1 – conclusão)

	Características	Maior peso	Objetivo
Estratégia de triangulação concomitante	• Os dados quantitativos e qualitativos são recolhidos em simultâneo para posterior análise de convergência, diferença ou combinação	Deve ser igual peso, mas frequentemente é atribuído maior peso a um dos métodos	• Métodos quantitativos e qualitativos separadamente, compensando os pontos fracos de um método com os pontos fortes de outro, de forma simultânea
Estratégia incorporada concomitante	• Uma fase de recolha de dados com dados quantitativos e qualitativos em simultâneo	Tem um método principal que guia o projeto e dados secundários de suporte	• Procurar informações num nível diferente de análise
Estratégia transformativa concomitante	• Fase inicial (quantitativa ou qualitativa) seguida de segunda fase (qualitativa ou quantitativa) a partir da fase anterior	Pode ser atribuído a uma das fases ou distribuído igualmente a ambas	• Convergir informações e proporcionar evidências

Fonte: Métodos mistos, 2019.

Na prática da pesquisa social, ainda encontramos dificuldades para compreender a abordagem mista como uma nova alternativa de coleta e análise de dados. Na maioria dos TCCs do Serviço Social, adota-se a abordagem qualitativa.

A opção da escolha do método marxiano pelo Serviço Social nos dá a possibilidade de relacioná-lo com a abordagem mista. Embora não seja possível aprofundar essa relação nesse momento, mencionamos alguns autores que tratam dessa questão (Prates, 2003; Triviños, 1995).

Segundo Prates (2012), para os estudos subsidiados pela pesquisa mista para fundamentar políticas públicas e contingentes populacionais mais amplos, o uso da abordagem mista tem mostrado vigor e qualidade científica.

A fundamentação no método histórico-dialético auxilia na busca por explicar fenômenos por meio de dados empíricos objetivos e subjetivos. Em relação àquilo que entendemos, a teoria dialética sugere uma necessária articulação entre abordagens qualitativas e quantitativas.

O objetivo da abordagem mista na pesquisa social é dar voz aos sujeitos pesquisados, procurando, sempre que possível, a melhoria da vida desses sujeitos.

Uma das propostas do método misto é visualizar as referências que têm maior importância, sejam elas quantitativas, sejam qualitativas. Em decorrência disso, uma das características do método misto é a visualização da proposta de investigação que mostra os dados que têm maior peso, quantitativos ou qualitativos.

O uso da triangulação dos métodos é um procedimento destacado por Triviños (1987). Segundo o autor, a técnica da triangulação objetiva abarcar a máxima amplitude na descrição, explicação e compreensão do foco em estudo justamente porque reconhece a interconexão entre os fatos e impossibilidade de aprendê-los de modo consistente quando isolados. Reconhece que os fenômenos sociais são multicausais e não podem ser explicados sem o desvendamento de suas "raízes históricas, sem significados culturais e sem vinculações estreitas e essenciais com uma macro realidade social" (Triviños, 1987, p. 138).

O primeiro aspecto destacado por Triviños (1987) são as percepções dos sujeitos, observadas por meio das formas verbais; o segundo são os elementos produzidos pelo meio, como: documentos, leis, decretos, entre outros; o terceiro aspecto a ser contemplado em análise são os "processos e produtos originados pela estrutura socioeconômica e cultural do macro-organismo social no qual está inserido o sujeito" (Triviños, 1987, p. 139); inclui a luta de classes, o modo de produção, as forças produtivas e relações de produção.

Enfim, cabe destacar a relevância da abordagem mista como primordial para uma análise da realidade. Uma pesquisa deve responder sempre a um problema, pois, em se tratando do referencial crítico-dialético, a transformação da realidade é a sua última finalidade.

Assim, entendemos que:

> Não basta conhecer, precisamos explicitar o que queremos conhecer e para que conhecer. Queremos desvendar para dar visibilidade, para subsidiar estratégias ou políticas, para contribuir com o fortalecimento dos sujeitos, para desmistificar estigmas, processos alienadores, enfim, desvendar para subsidiar ou instigar aprimoramentos, mudanças, transformações, mesmo que provisórias. Parece-nos ser esta também uma questão de método. (Prates, 2012, p. 127)

Dessa forma, a abordagem mista, em que utilizamos dados quantitativos integrados a qualitativos possibilitam uma visão mais abrangente do problema pesquisado sendo possível não só a compreensão, mas também a transformação da realidade pesquisada.

5.4 A seleção de participantes e amostragem

Vamos pensar em um bolo de chocolate com morango. Você o vê em uma confeitaria e resolve provar, para saber se o bolo está bom. Você recebe um pedaço, que seria uma amostragem. Você extrai do todo (na estatística, o todo pode ser chamado de *população*) ou, como utilizamos na pesquisa, do universo, e avalia a qualidade ou *infere* valor. Com base nisso, vamos determinar alguns conceitos: População é o "conjunto de elementos passíveis de serem mensurados, com respeito às variáveis que se pretende levantar" (Barbetta, 2001, p. 41).

A população (ou universo, como também reconhecemos na pesquisa) deve ter elementos mensuráveis; podem ser, por exemplo, as assistentes sociais dos Centros de Atenção Psicossocial (CAPS), os adolescentes que cumprem medidas socioeducativas, as mulheres negras na universidade. É importante que esse universo seja definido, considerando-se parâmetros específicos e o recorte da sua pesquisa. Por exemplo, serão pesquisados os adolescentes que cumprem medidas socioeducativas de liberdade assistida e que moram na Comunidade Caju ou os usuários que participam do grupo de convivência e fortalecimento de vínculos no Centro de Referência de Assistência Social (CRAS) Nova Esperança. Se houver mais de um grupo, todos devem ser especificados.

Na pesquisa quantitativa, ao definir os dados da amostra, utiliza-se o termo *inferência estatística*, que se refere "ao uso apropriado dos dados da amostra para se ter algum conhecimento sobre os parâmetros população" (Barbetta, 2001, p. 43).

Ao ler esse conceito, vem a questão da maioria dos(as) estudantes: Será que uma amostra realmente determina o resultado de toda a população? Na estatística, esses dados são conhecidos como *estimativa*.

Barbetta (2001) cita quatro razões para o uso da amostragem em grandes populações. São elas:

> 1) **Economia**. Em geral, torna-se bem mais econômico o levantamento de somente uma parte da população.
>
> 2) **Tempo**. Numa pesquisa eleitoral, a três dias de uma eleição presidencial, não haveria tempo suficiente para pesquisar toda a população de eleitores do país, mesmo que houvesse recursos financeiros em abundância.
>
> 3) **Confiabilidade dos dados**. Quando se pesquisa um número reduzido de elementos, pode-se dar mais atenção aos casos individuais, evitando erros nas respostas.
>
> 4) **Operacionalidade**. É mais fácil realizar operações de pequena escala. Um dos problemas típicos nos grandes censos é o controle dos entrevistadores. (Barbetta, 2001, p. 43)

Por outro lado, Barbetta (2001) define alguns momentos em que o uso de amostragem não é interessante:

- **População pequena:** Nesse caso, pode-se pesquisar a população como um todo para um resultado mais preciso.
- **Característica de fácil mensuração:** Muitas vezes, a variável é de fácil mensuração; por exemplo, se for uma questão de pesquisar funcionários favoráveis à mudança de horário, é melhor e politicamente recomendável entrevistar toda a população.
- **Necessidade de alta precisão:** Por exemplo, no caso do número de habitantes no país, precisa-se pesquisar toda a população.

No que se refere a amostragens,

> Para fazermos um plano de amostragem devemos ter bem definidos os objetivos da pesquisa, a população a ser amostrada, bem como os parâmetros que precisamos estimar para atingir os objetivos da pesquisa [...] Para efetuar a seleção dos elementos que farão parte da amostra, precisamos estabelecer a unidade de amostragem, ou seja, a unidade a ser selecionada para se chegar aos elementos da população. (Barbetta, 2001, p. 44)

Na pesquisa quantitativa, utiliza-se amostra aleatória, ou seja, há um sorteio com base em uma lista de toda a população que será representativo para parte desta. Nesse caso, o resultado poderá ser generalizado.

Destaca-se, também, a amostragem estratificada, na qual a população é dividida em subgrupos com características diferenciadas, para entender melhor esses "substratos".

Na estatística, os autores citam outros tipos de amostragem, considerando um número significativo da população.

Para Moreira e Caleffe (2008), no caso da pesquisa qualitativa, a amostra aleatória não é utilizada porque o propósito não é estimar um parâmetro da população, e sim selecionar participantes que possam contribuir para o conhecimento do fenômeno. Dessa forma, a amostra pode ser intencional para permitir maior profundidade e riqueza de dados.

Não vamos considerar a história de que aqueles que são da área de exatas "contam miçangas", enquanto os da área de humanas "analisam". São dois estilos de pesquisa importantes que devem se complementar; em alguns casos, como nos métodos mistos, são realizados ambos os modelos.

No Serviço Social, são utilizados levantamentos nas disciplinas de Estágios e Pesquisa para conhecer melhor a realidade dos usuários. Mas, os TCCs, embora possam apresentar dados quantitativos, são predominantemente qualitativos; por isso, vamos pensar especificamente na seleção dos participantes das pesquisas qualitativas.

Moreira e Caleffe (2008) apresentam várias estratégias para selecionar amostras ricas em informação, e cada forma tem um objetivo. Para dar credibilidade aos nossos dados, temos de pensar antecipadamente nessa seleção e nas razões das nossas escolhas, antecipando, também, as razões pelas quais podem acontecer distorções.

Os autores defendem que o número de participantes da amostra não é definido *a priori*, isto é, o ponto de coletas se satura a partir do momento em que a aquisição dos dados se torna redundante (Moreira; Caleffe, 2008). Em outras palavras, você coleta dados do número necessário para que as informações sejam ricas e, quando elas ficam redundantes, esse número já se torna suficiente.

Richardson et al. (2012) define dois tipos de amostras: probabilísticas e não probabilísticas, assim como as formas de seleção de acordo com esses tipos. Para ele, as amostras não probabilísticas referem-se a "sujeitos escolhidos por determinados critérios"; já nas amostras probabilísticas, "em princípio, todos os sujeitos têm a mesma probabilidade de serem escolhidos" (Richardson et al., 2012, p. 160).

Conforme Moreira e Caleffe (2008) pontuaram, as amostras qualitativas não são aleatórias, ou seja, são não probabilísticas. Assim, vamos conhecer cada amostra sugerida pelos autores, destacando as qualitativas utilizadas nas pesquisas de Serviço Social. Nosso objetivo não é aprofundar uma discussão estatística, pois isso pode ser realizado consultando-se materiais de estatística. Então, de acordo com os autores, temos as seguintes amostragens:

- **Variação máxima**: Esta amostra busca variações e identifica padrões comuns. Como em pequenas amostras a heterogeneidade pode ser um problema, o pesquisador seleciona várias características dos participantes para construir a amostra. Nesse caso, há dois resultados: "descrições detalhadas de alta qualidade de cada caso são úteis para documentar a singularidade; padrões compartilhados importantes que aparecem nos casos e que derivam sua importância de terem emergido da heterogeneidade (Moreira; Caleffe, 2008, p. 176).

    O critério do pesquisador pode ser o de que os indivíduos tenham experiências diferentes, a fim de obter uma descrição da variação do grupo. Nesse modelo, busca-se a variação e os padrões comuns significativos. Por exemplo: é comum, em TCCs que têm como objetivo analisar a percepção do trabalho do assistente social em um espaço determinado, entrevistar psicólogos, usuários, pedagogos e administradores. Há uma variante de áreas de atuação, buscando-se padrões comuns na variação.

- **Amostragem de casos críticos**: Casos críticos podem ser considerados dramáticos ou particularmente importantes no contexto a ser estudado. A coleta de dados é direcionada ao entendimento do caso crítico, pois, se um grupo tem problemas, outros também podem apresentá-los. Os autores pontuam que os casos críticos não permitem amplas generalizações; porém, é possível uma generalização lógica do peso da evidência desses casos. Exemplificando: para os municípios aderirem à Política de Assistência Social e receberem recurso do governo federal, é necessário que atendam a alguns requisitos. Em decorrência disso, são acompanhados pelo estado, e os que não seguem os requisitos determinados têm de responder a um "Plano de Providências". Se isso ocorrer, podemos considerar que esses municípios têm casos críticos. Uma estudante buscou casos críticos nesse contexto e justificou da seguinte forma:

    > Desde o início, percebeu-se uma grande dificuldade dos gestores municipais, dos técnicos dos Escritórios Regionais e até mesmo dos

> técnicos da CGS na apropriação das informações pertinentes às exigências solicitadas na NOB/SUAS.
>
> Viu-se casos de vários municípios que ficaram durante anos com dificuldades em construir uma equipe técnica condizente com as exigências do SUAS, ou que não conseguiam realizar um concurso, que não possuíam suporte financeiro para construir um CRAS e acabavam compartilhando com outros órgãos, ou até mesmo, que não conseguiam apresentar um Balancete do Fundo Municipal de Assistência Social (FMAS) que respeitasse as referidas normas.
>
> Percebeu-se, ainda, uma burocracia nesse processo, tanto organizacional como estrutural, entendendo que o mesmo deveria ser menos complexo, uma vez que [sic] trata-se de benefícios e incentivos aos usuários da Política de Assistência Social. (Lima, 2013, p. 22)

Nesse contexto, podemos perceber a justificativa para as situações críticas como suporte técnico, recurso financeiro e/ou burocracia, o que pode abranger outros municípios.

- **Amostragem de casos confirmatórios e não confirmatórios**: De acordo com Moreira e Caleffe (2008), no início da coleta, a amostragem é uma forma de o pesquisador explorar a amostra ou coletar dados para que o padrão possa emergir. Assim, o pesquisador vai a campo para confirmar ou não o estudo exploratório: "Isso envolve testar ideias e confirmar a importância e o significado de possíveis padrões e verificar a viabilidade de resultados emergentes com novos dados e casos adicionais" (Moreira; Caleffe, 2008, p. 178).

Esses casos devem se encaixar nos padrões e confirmam e detalham resultados, adicionando riqueza, profundidade e credibilidade. Em uma pesquisa de Serviço Social, a autora, que estudava a família, queria confirmar se o padrão de atendimento preferencial às mulheres na Política da Assistência Social não excluía a responsabilidade dos homens ou as famílias monoparentais masculinas da Política. Para confirmar, ela buscou famílias chefiadas por homens e encontrou riqueza de detalhes em uma só família, por esta ser quase inexistente na Política da Assistência Social, o que já aponta resultados interessantes.

- **Amostragem bola-de-neve em série**: Nessa abordagem, buscam-se os informantes recomendados para o tema da pesquisa; para isso, pode-se buscar quem conhece mais de determinado assunto para encontrar as pessoas que detêm as informações necessárias. Por exemplo, em uma pesquisa de história oral, é necessário buscar as pessoas que conhecem a história ou que fizeram parte dela.
- **Amostragem de casos típicos**: Nesse caso, delineia-se o perfil qualitativo ou seleciona-se casos típicos na amostra de dados de levantamento. Por exemplo, em uma pesquisa de abuso sexual sobre crianças e adolescentes no CREAS, alguns casos típicos foram descritos para um conhecimento mais aprofundado da amostra.
- **Amostragem por critérios**: Com base em critérios predeterminados, é importante revisar e estudar casos que tenham relevância, considerando características definidas. Uma pesquisa interessante é fazer a análise de adolescentes que saem de Acolhimentos Institucionais, obrigatoriamente, aos 18 anos e verificar como conseguem se integrar socialmente sem referência de família. Os critérios para análise estão relacionados ao fato de os adolescentes se sentirem acolhidos durante toda a sua vida.
- **Amostragem oportunística**: Nesse tipo de amostragem, o trabalho de campo pode ter novas estratégias de amostragem para utilizar estratégias não previstas, ou seja, durante a pesquisa, com novos subsídios, deve-se utilizar outras amostragens.
- **Amostragem por conveniência**: Esta, para os autores, não é intencional nem estratégica, por fazer o que é mais conveniente para o pesquisador, sendo assim, provavelmente, a amostragem mais comum. Os autores afirmam: "Embora a conveniência e o custo sejam considerações relevantes, eles devem ser os últimos fatores a serem levados em conta" (Moreira; Caleffe, 2008, p. 180).

Assim, apontar detalhadamente como foi realizada a amostragem em pesquisas qualitativas, detalhando as características dos informantes e enriquecendo os dados, dá maior credibilidade à análise.

Nas análises qualitativas, Gibbs (2009) aponta as lógicas da indução e da dedução que podem ser utilizadas. São elas:

> A indução é a produção e a justificação de uma explicação geral com base no acúmulo de grandes quantidades de circunstâncias específicas, mas semelhantes. [...]
>
> A explicação dedutiva vai na direção oposta, no sentido de que uma determinada situação se explica pela dedução a partir de um enunciado sobre as circunstâncias. (Gibbs, 2009, p. 19-20)

O autor destaca que, como grande parte da pesquisa qualitativa busca gerar novas teorias e novas explicações, a lógica subjacente é indutiva. Essa lógica é muito utilizada nos TCCs de Serviço Social, pois o estágio traz uma riqueza de áreas para coleta de dados e discussão de novos conhecimentos. Porém, são realizados também trabalhos mais exploratórios, em que teorias e conceitos são testados. O importante é compreender que tipo de pesquisa será realizada e pensar nas técnicas empregadas de forma meticulosa.

Observe, atentamente, no quadro, a diferença, de forma resumida, das técnicas empregadas.

Quadro 5.2 – Técnicas qualitativas, quantitativas e de métodos mistos

Técnicas qualitativas, quantitativas e de métodos mistos			
Tende a ou tipicamente	Técnicas qualitativas	Técnicas quantitativas	Técnicas de método misto
Usa estas suposições filosóficas	Alegações de conhecimento construtivistas/reivindicatórias/participatórias	Alegações de conhecimento pós-positivista	Alegações de conhecimento pragmáticas
Emprega estas estratégias de investigação	Fenomenologia, teoria embasada, etnografia, estudo de caso e narrativa	Levantamentos e experimentos	Sequencial, concorrente e transformadora

(continua)

(Quadro 5.2 – conclusão)

Técnicas qualitativas, quantitativas e de métodos mistos			
Tende a ou tipicamente	Técnicas qualitativas	Técnicas quantitativas	Técnicas de método misto
Emprega estes métodos	Questões abertas, técnicas emergentes, dados de texto ou imagem	Questões fechadas, técnicas predeterminadas, dados numéricos	Questões abertas e fechadas, trajetórias emergentes e predeterminadas, dados quantitativos e qualitativos e análise
Usa estas práticas de pesquisa, à medida que o pesquisador	Posiciona-se Coleta significados dos participantes Concentra-se em um único conceito ou fenômeno Traz valores pessoais para o estudo Estuda o contexto ou o ambiente dos participantes Valida a precisão dos resultados Faz interpretações dos dados Cria uma agenda para mudança ou para reforma Colabora com os participantes	Testa ou verifica teorias ou explicações Identifica variáveis para estudo Relata variáveis em questões ou hipóteses Usa padrões de validade e confiabilidade Observa e mensura as informações numericamente Usa métodos não tendenciosos Emprega procedimentos estatísticos	Coleta dados quantitativos e qualitativos Desenvolve um raciocínio para fazer a mistura Integra os dados em estágios diferentes de investigação Apresenta quadros visuais dos procedimentos no estudo Emprega as práticas de pesquisa qualitativas e quantitativas

Fonte: Creswell, 2007, p. 36.

Com base no que foi exposto, temos subsídios para ir "costurando" os pedaços iniciais da nossa colcha de retalhos, pensando, em linhas gerais, em nossa pesquisa. No próximo capítulo, serão complementadas as informações sobre a coleta e a análise de dados.

Síntese

Neste capítulo, iniciamos apresentando a necessidade de escolher um caminho para percorrer o processo da pesquisa. Esse modo de compreender a pesquisa nos fez buscar, na noção de *método*, a clareza para perceber a pesquisa como um todo que se articula e que tem razão de ser na escolha do pesquisador.

Embora se use *método* e *metodologia* indistintamente, compreendemos metodologia como as técnicas de levantamento de dados que também devem estar conectadas ao método e à referência teórica.

Em decorrência disso, a pesquisa se revela em sua natureza, ou seja, dependendo das escolhas feitas pelo pesquisador quanto ao método e à melhor metodologia na obtenção de dados, a pesquisa pode ser quantitativa e qualitativa.

A natureza da pesquisa diz respeito ao processo dinâmico que, nas Ciências Sociais, requer uma abordagem qualitativa, ou seja, os dados são coletados com base na observação direta da realidade para interpretar os significados que os indivíduos dão à esta. Já na quantitativa os dados são coletados por meio de demonstrações quantificáveis de uma realidade entendida com base em técnicas estatísticas.

No final da década de 1980, surgiu uma abordagem que foi além das abordagens quantitativa e qualitativa: o método misto. Nessa abordagem, há combinação e mistura de métodos quantitativos e qualitativos.

Para concluir, apresentamos alguns aspectos da seleção dos participantes e da amostragem e como esta é feita em cada uma das abordagens, quantitativa e qualitativa. Ao final, apontamos para a necessidade de se compreender o tipo de pesquisa para poder pensar nos tipos e técnicas que serão utilizados, pois, dessa maneira, a pesquisa apresentará clareza e coerência.

Para saber mais

Para conhecer os métodos mistos e de que forma podem ser articulados, leia:

CRESWELL, J. W.; CLARK, V. L. P. **Pesquisa de métodos mistos**. Tradução de Magda França Lopes. São Paulo: Penso, 2015. (Série Métodos de Pesquisa).

Nessa obra, os renomados pesquisadores John W. Creswell e Vicki L. Plano Clark guiam os leitores por todo o processo de pesquisa, desde a formulação das questões até o projeto, a coleta de dados e a interpretação de resultados. Esse livro inclui exemplos atualizados de estudos de métodos mistos das áreas de ciências sociais e do comportamento, saúde e educação.

Questões para revisão

1. Leia atentamente as afirmativas a seguir:
    I) Por muito tempo na história da ciência, o *status* científico era reconhecido apenas para pesquisas qualitativas, consideradas neutras, objetivas.
    II) A partir do século XIX, o modelo científico, que era utilizado nas Ciências Naturais, como química, física e biologia, passou a ser empregado para investigar o mundo social.
    III) Os dados da pesquisa quantitativa são observáveis, medidos e abrangem uma amostra maior de dados; então, padrões podem ser definidos e generalizações realizadas com os dados coletados.
    IV) Henry Mayhew, na sua obra *London Labour and the London Poor*, destaca a importância das tabelas estatísticas.

    Com base nisso, estão corretas as afirmativas:

    a) I e II.
    b) I e III.
    c) II e III.
    d) III e IV.
    e) I, II e III.

2. Em relação à pesquisa qualitativa, assinale (V) nas afirmativas verdadeiras e (F) nas falsas:

   ( ) Na década de 1960, ganhou destaque a escola de Chicago, que trouxe importantes contribuições do ponto de vista metodológico e conceitual na pesquisa qualitativa.
   ( ) Blumer, ao conceber a sociedade como processo, entende que o indivíduo e a sociedade mantêm constante e estreita inter-relação e que o aspecto subjetivo do comportamento humano é necessário na formação e na manutenção da dinâmica do grupo social.
   ( ) Os procedimentos para pesquisa qualitativa podem ser observação direta, trabalho de campo, observação participante, entrevista, história de vida, cartas, diários, documentos públicos, fotos etc.
   ( ) A pesquisa quantitativa pode abordar uma amostra menor no universo da pesquisa.

   Agora, assinale a alternativa que contém a sequência correta:

   a) F, V, V, F.
   b) F, V, V, V.
   c) V, V, F, V.
   d) V, V, F, F.
   e) V, F, F, V.

3. Em relação à definição de amostras para pesquisa qualitativa, de acordo com Moreira e Caleffe (2008), buscam-se os informantes recomendados para o tema da pesquisa, ou seja, quem conhece mais de determinado assunto para encontrar as pessoas que detêm as informações necessárias ao seguinte tipo de amostra:

   a) Amostragem por critérios.
   b) Amostragem oportunística.
   c) Amostragem por conveniência.
   d) Amostragem bola-de-neve em série.
   e) Amostragem por pessoas.

4. Comente a citação de Barbetta (2001) para o uso da amostragem em grandes populações, referindo-se à pesquisa qualitativa.

5. Aponte as contribuições do método misto e como pode ser utilizado no desenvolvimento da pesquisa do TCC.

Questão para reflexão

1. Faça um exercício utilizando outra forma de pesquisa qualitativa. Encontre cinco reportagens de jornais que versam sobre um tema de Política Social e escreva sobre elas, apontando reflexões sobre a visão recorrente na sociedade sobre o assunto. Uma sugestão são programas de transferência de renda. Analise os pontos em comum e use argumentos baseados em leituras do curso.

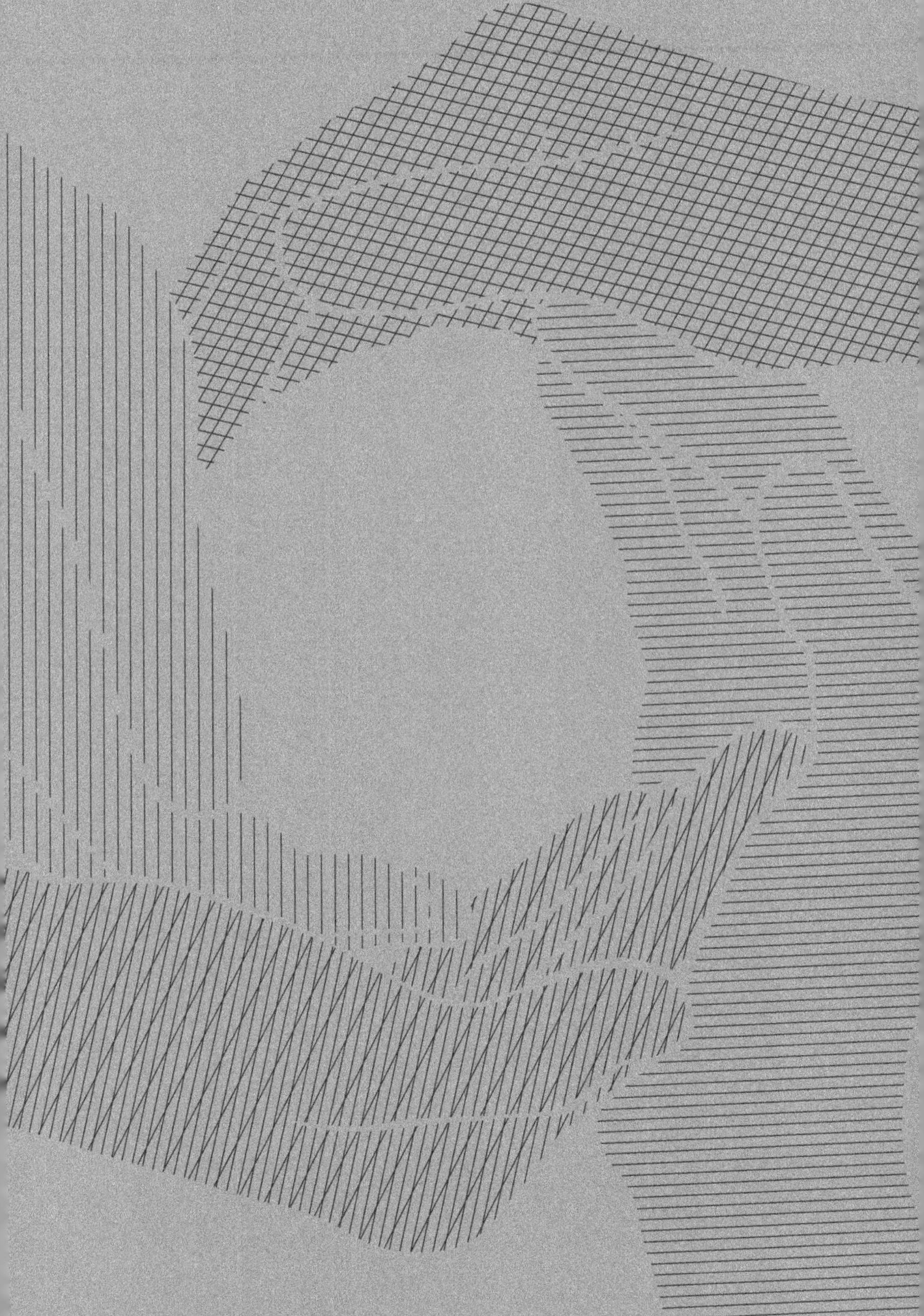

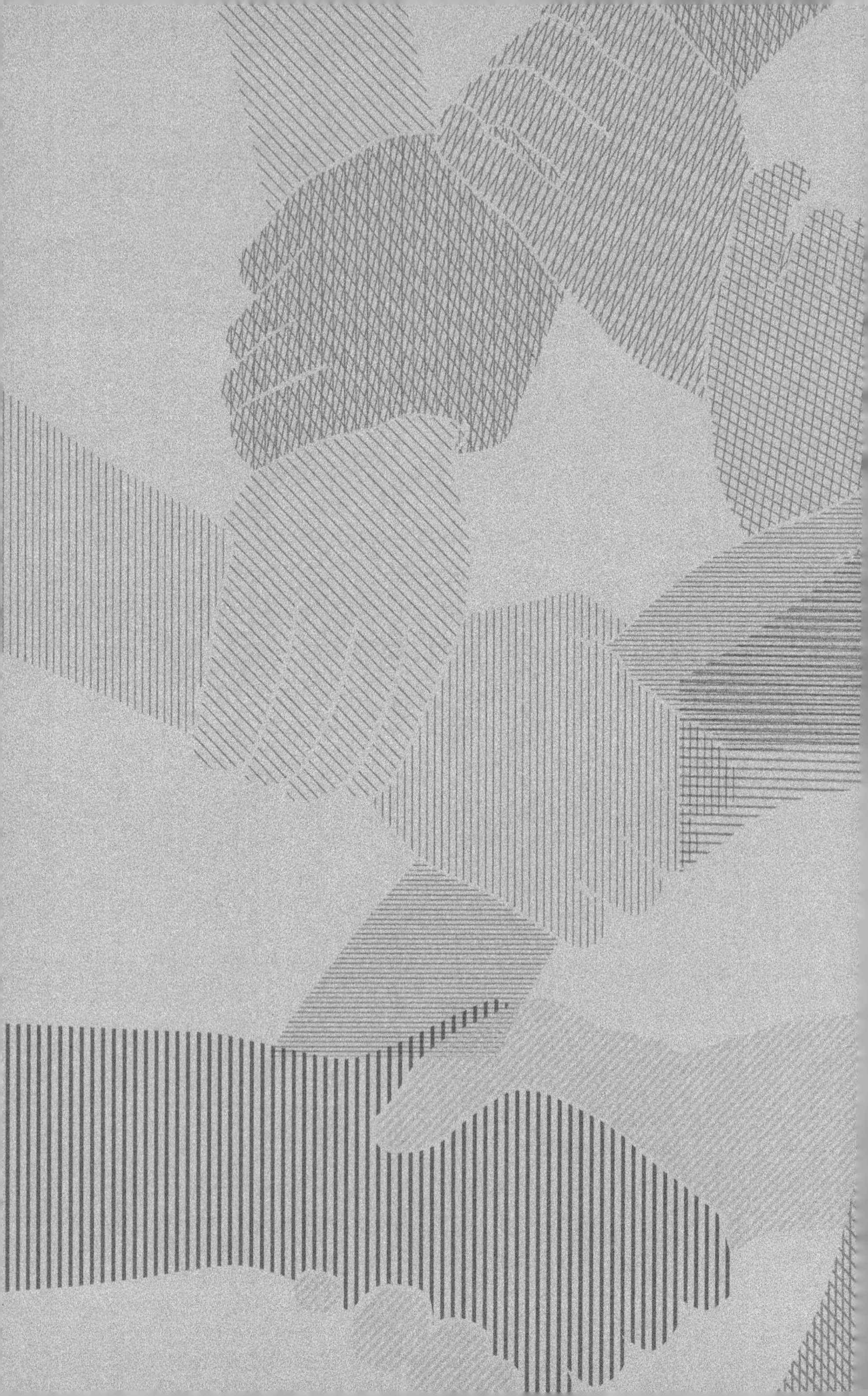

CAPÍTULO 6
Uma aprendizagem de desaprender

Conteúdos do capítulo

- Organizando a colcha de retalhos: tipos de pesquisa – documental e bibliográfica.
- Algumas formas de coleta de dados mais utilizadas: observação, entrevista, história oral, questionário, estudo de caso, grupo focal, avaliação de programa e projetos.

Após o estudo deste capítulo, você será capaz de:

1. identificar os tipos de pesquisa;
2. apresentar as formas de coleta de dados mais utilizadas no Serviço Social;
3. refletir sobre as formas de coleta de dados e sua importância para a pesquisa.

6.1 Organizando a colcha de retalhos

> O essencial é saber ver,
> Saber ver sem estar a pensar,
> Saber ver quando se vê,
> E nem pensar quando se vê,
> Nem ver quando se pensa.
> Mas isso (triste de nós que trazemos a alma vestida!),
> Isso exige um estudo profundo,
> Uma aprendizagem de desaprender
> E uma sequestração na liberdade daquele convento
> (Pessoa, 1946)

Esse poema foi escrito pelo heterônimo de Fernando Pessoa, Alberto Caieiro. Ele ilustra o título deste capítulo sobre "uma aprendizagem de desaprender". Pensar na pesquisa, em seu formato, ir a campo, analisar e interpretar os dados, entre outros aspectos relacionados, constitui um momento de reflexão, de construção de conhecimento. Para isso, é necessário "saber ver", observar a realidade. Temos de viver "uma aprendizagem de desaprender" para enxergar com a perspectiva do outro, abrir os horizontes a novos conhecimentos. Esse é o desafio da pesquisa, pois, somente dessa forma, conseguiremos organizar nossa colcha de retalhos. Este é o convite que fazemos: que, no decorrer deste capítulo, você possa pensar nas formas de coletar dados, na interlocução com todo o conhecimento teórico apreendido na academia, nas reflexões, na escrita do diário, nas experiências de estágio.

Isso exige "uma aprendizagem de desaprender", pois, embora possamos ter nossos valores e convicções, a pesquisa amplia, reconstrói. O(A) orientador(a) sempre se lembra daquele estudante que comenta no trabalho de campo: "Puxa, no começo, eu pensava que encontraria o dado X, mas não foi isso que a minha pesquisa mostrou". Isso mostra um processo de leitura da realidade, de movimento, de transformação. Se não conseguirmos, na pesquisa, nos transformar e nos reconstruir, "triste de nós, que trazemos a alma vestida".

6.1.1 Pesquisa bibliográfica

A pesquisa bibliográfica constitui uma ação permanente, desde a revisão teórica realizada na pesquisa até a análise dos dados. Ela fundamenta o texto e aponta outras análises realizadas, as quais vão embasar o conteúdo proposto. Para Gil (2008, p. 50), "A pesquisa bibliográfica é desenvolvida a partir de material já elaborado, constituído principalmente de livros e artigos científicos".
Algumas pesquisas são desenvolvidas, na sua totalidade, com base em outras fontes bibliográficas, pois uma pesquisa exploratória utiliza várias fontes teóricas para análise de um fenômeno.
Dessa forma, a pesquisa bibliográfica torna-se uma ferramenta importante para uma pesquisa exploratória. Tozoni-Reis (2009) alerta:

> No entanto, é preciso tomar cuidado para que a revisão bibliográfica não se torne uma "colcha de retalhos" sobre os estudos revisados pelo pesquisador, pois ela tem também o objetivo de articular os estudos revisados com o estudo proposto e com o problema de pesquisa. É importante que o pesquisador busque nessa etapa do trabalho as diferentes posições teóricas conceituais relacionadas ao seu objeto. Após análise e interpretação, possa assumir conceitos próprios, construindo toda a fundamentação teórica necessária ao processo de conhecimentos. (Tozoni-Reis, 2009, p. 90-91)

Nesse caso, a autora se refere a uma "colcha de retalhos", em que não há uma relação entre as partes. Não podemos esquecer que, no texto teórico, "a base é uma só", como já fizemos referência à música de Tom Jobim. Sempre temos de relacionar a teoria e a análise ao objeto, mostrando várias posições teóricas, colocando nossa posição no texto, com base na análise de outras perspectivas.

Leia a justificativa de um texto cuja autora debate o fenômeno *suicídio*. Como argumentar de forma que o tema se transponha e seja defendido na área social?

> Como mencionado, a motivação da autora por esse objeto de pesquisa, uma análise do fenômeno suicídio como um problema de saúde pública, surgiu com a experiência acadêmica de estágio na referida instituição de saúde, que se iniciou no mês de janeiro de 2015 com término previsto para novembro de 2016; e ao conteúdo apreendido nas aulas, nos debates e eventos durante a graduação em Serviço Social que tem instigado a reflexão acerca dos desafios presentes na intervenção profissional na perspectiva do acesso e efetivação de direitos, da qualidade dos serviços prestados e a elaboração de críticas propositivas. Além disso, a presente pesquisa justifica-se devido à relevância da temática para campo acadêmico e ressalta-se, ainda, tratar-se de um tema atual no qual existe pouca discussão no campo do Serviço Social. Deve-se destacar que o suicídio é uma questão de saúde pública, tornando-se uma preocupação devido ao número de suicídios apresentados pela Organização Mundial de Saúde (OMS), já mencionados anteriormente. O suicídio se apresenta como um fenômeno complexo, não existindo uma única causa ou razão, é resultado de diversos fatores. **Evidências apontam para os fatores socioeconômicos relacionados a altas taxas de suicídio, como pontua Souza (2007), mencionando o suicídio como um fenômeno universal, sendo um reflexo das alterações sociais e econômicas que ocorrem na sociedade.**
>
> Até mesmo no campo da medicina, há uma proposta de novas abordagens para esse fenômeno. O psiquiatra Antônio Nardi, em Conferência apresentada na Academia Nacional de Medicina (2016), com o debate Mitos e Tabus do Suicídio, aponta que o suicídio não está relacionado somente à saúde mental, é também um problema social, contudo, é um assunto pouco abordado na sociedade. Reforça que o suicídio é um problema de saúde pública, pois a taxa de suicídios no Brasil é de trinta e uma mortes por dia e que uma tentativa ocorre a cada dois segundos. Já no mundo, segundo a OMS (2000), o suicídio é responsável por uma morte a cada quarenta (40) segundos.
>
> O estudo da temática torna-se relevante no campo acadêmico à medida que poderá instigar futuras pesquisas, proporcionado reflexões, sendo este um assunto pouco investigado na área do Serviço Social e está presente no campo das políticas de saúde, como referido. Já no âmbito institucional, acredita-se que a pesquisa será de muita utilidade, pois trará uma análise dos dados referentes ao município,

> assim como abordará a atuação dos profissionais mediante os usuários suicidas.
>
> Souza (2007, p. 17) coloca que o leque de informações atualmente disponíveis sobre o fenômeno do suicídio se abre a cada nova investida sobre este objeto, admitindo investigações que possam trazer contribuições para uma melhor compreensão de realidades específicas, desvelando características de acontecimentos que ocorrem cotidianamente em comunidades.
>
> Cabe ressaltar, não ser objeto desse trabalho a discussão que abarca dimensões no campo da psicologia, embora seja discutida a política de saúde, especificamente, a saúde mental e o serviço social, como mecanismo fundamental para a compreensão do fenômeno.
>
> Assim sendo, compreende-se que a pesquisa pode vir a corroborar, portanto, com a elaboração de possíveis estratégias de prevenção para o enfrentamento dos casos que vêm aumentando cotidianamente. (Costa, 2016, p. 18-19, grifo nosso)

Destacamos os seguintes tópicos: no primeiro parágrafo, a autora faz referência à Organização Mundial de Saúde (OMS), para destacar os dados e a importância do tema suicídio. A partir do grifo, pelos três parágrafos seguintes, a estudante insere o problema como social, apesar de ainda apontar para uma questão de saúde e também institucional (reforçando o campo de estágio). Nos dois parágrafos finais, delimita-se a discussão, ressaltando que esta não abarca o campo da psicologia, mas da saúde e, especificamente, da saúde mental, além de estratégias de prevenção ao fenômeno.

Ao realizar a leitura, é importante que o texto se relacione com a área e com o referencial que se quer discutir, trazendo a apresentação da visão e a proposta de autores, que serão apresentados teoricamente no texto. Não se pode apenas juntar textos estanques, sem relação entre si. Muitas vezes, na escrita, são colocadas citações sem relação com o que está sendo discutido no texto, ou o conteúdo das citações não é analisado nem se discorre sobre ele – ficando, assim, "perdido" no texto.

Uma boa argumentação envolve posições teóricas diferentes! No seu texto, diversificar autores e argumentos é de suma importância, pois isso é muito avaliado nos conteúdos apresentados. Busque autores que são referência na discussão daquele fenômeno, e não tenha medo de citar os clássicos. Para isso, porém, você necessita de estudo e leitura.

A seguir, vamos pensar em como organizar por etapas nossa pesquisa bibliográfica, de acordo com a proposta de Gil (2008).

6.1.2 Etapas da pesquisa bibliográfica

Para a pesquisa transmitir segurança/confiabilidade, ela deve ser desenvolvida de forma bibliográfica na sua totalidade. Corroborando com isso, Gil (2008) discorre sobre algumas etapas importantes para desenvolver a pesquisa. Vamos pensar sobre elas.

A primeira etapa, conforme já vimos anteriormente, seria de formulação do problema; em seguida, a formulação de um plano de trabalho, a identificação e a localização das fontes, a obtenção e a leitura do material; depois, o autor aponta como "confecção das fichas" as anotações importantes, inclusive com apreciação crítica. Hoje, existem *softwares* que fazem buscas de textos com palavras-chaves em portais de pesquisa. É importante procurar, na biblioteca da unidade de ensino, os portais de pesquisa com as quais ela tem convênio e, assim, permitem acessar quantidades maiores de artigos científicos que podem contribuir para o enriquecimento teórico do texto.

A próxima etapa é a construção lógica do trabalho ou a organização das ideias, que, na verdade, vai sendo realizada durante todas as etapas da pesquisa. Em seguida, vem a redação do texto, considerando as anotações. O autor recomenda que o texto seja submetido a outra pessoa para que se constate que pode ser compreendido, tanto em termos do conteúdo acadêmico quanto em relação à redação.

6.1.3 Pesquisa documental

Na pesquisa, os dados podem ser coletados diretamente de documentos, que podem ser institucionais, assim como de revistas, jornais, filmes e vídeos.
De acordo com Gil (2008, p. 147):

> Para fins de pesquisa científica são considerados documentos não apenas os escritos utilizados para esclarecer determinada coisa, mas qualquer objeto que possa contribuir para a investigação de determinado fato ou fenômeno. Assim, a pesquisa documental tradicionalmente vale-se dos registros cursivos, que são persistentes e continuados. Exemplos clássicos dessa modalidade de registro são os documentos elaborados por agências governamentais. Mas muitas pesquisas utilizam registros episódicos e privados, constituídos principalmente por documentos pessoais e por imagens visuais produzidas pelos meios de comunicação de massa.

Em alguns campos de estágio, somente é possível a coleta de dados com base nos documentos institucionais. Por exemplo: em locais em que são realizados atendimentos decorrentes de violência, onde, por uma questão de sigilo em relação à pessoa que sofre a violência, é possível acessar apenas as fontes documentais com os dados referentes aos atendimentos; ou mesmo em trabalhos voltados à gestão, acompanhamento e avaliação de serviços, programas e projetos; ou na área sociojurídica (como o Ministério Público), em que os dados a serem acessados podem ser documentais. Mas, afinal, o que é *pesquisa documental*?

> A pesquisa documental é muito próxima da pesquisa bibliográfica. O elemento diferenciador está na natureza das fontes: a pesquisa bibliográfica remete para as contribuições de diferentes autores sobre o tema, atentando para as fontes secundárias, enquanto a pesquisa documental recorre a materiais que ainda não receberam tratamento analítico, ou seja, as fontes primárias. (Sá-Silva; Almeida; Guindani, 2009, p. 6)

Os autores ressaltam, também, que esse tipo de pesquisa não se refere apenas a documentos escritos, como relatórios, e sim a cartas, filmes, vídeos, fotografias, pôsteres, entre outros. Por isso a importância de uma boa fundamentação teórica para interpretar o que é coletado nessas fontes.

6.2 Modalidades de pesquisa

Neste tópico, vamos apresentar algumas técnicas de coleta de dados, em sua maior parte qualitativas, muito relevantes para a pesquisa em Serviço Social. É importante que, ao escolher uma técnica, o estudante se aprofunde no conteúdo, para apresentar o seu referencial metodológico com acuidade.

6.2.1 Observação

A observação constitui uma das técnicas mais utilizadas, tanto na pesquisa em Serviço Social quanto na experiência de estágio. Com base na observação, flui todo o conhecimento em relação ao meio e, consequentemente, o conhecimento do objeto de pesquisa. A observação é a fonte primária de todo conhecimento que se encontra ao redor.

Porém, na pesquisa, é importante, em um primeiro momento, a apreensão do conteúdo teórico, para que essa observação seja qualificada, visto que ela é o ponto de partida de todo conhecimento científico.

Gil (2008) destaca que a observação como procedimento científico serve a um objetivo formulado e é constantemente planejada. Por isso, também podemos afirmar que a observação, no viés do trabalho de conclusão de curso (TCC), não é somente o ponto de partida para a escolha de um problema de pesquisa, mas, por meio dela, é possível observar a realidade e coletar dados nesse processo. Para Gil (2008), a observação pode ser *estruturada* e *não estruturada*, de acordo com os meios utilizados; também pode ser *participante* e *não participante*, de acordo com o grau de participação do observador.

O autor classifica a **observação não estruturada** em observação simples, observação participante e observação sistemática. Vamos analisar brevemente cada uma delas.

- **Observação simples**: É aquela em que o pesquisador observa, de forma espontânea, os fatos que ocorrem em dado local. Faça um exercício: dentro de um ônibus ou em um ambiente similar, observe os fatos e escreva-os em um caderno. Uma das principais vantagens desse tipo de observação é que ela possibilita a análise do fenômeno e a escolha do problema de pesquisa. Outra vantagem é que o registro da observação pode ser feito em diário ou em caderno. A observação também constitui uma técnica de coleta de dados importante no campo de estágio, pois possibilita conhecer a instituição, os usuários e a realidade do trabalho profissional. Descrever e relatar os fatos observados proporciona melhoria na escrita, inclusive de relatos para o exercício profissional, na elaboração de estudo social, laudos e relatórios técnicos.
- **Observação participante**: Consiste na vivência da rotina da comunidade ou do grupo a ser observado. Na Antropologia, essa observação compõe a pesquisa etnográfica.
- **Observação sistemática**: Nessa observação, há um plano anterior de observação. O pesquisador, *a priori*, determina os aspectos a serem observados no grupo.

6.2.2 Entrevista e história oral

É uma das formas de coleta de dados mais utilizadas na pesquisa qualitativa no Serviço Social. A entrevista tem a vantagem de utilizar a observação como técnica conjunta, que possibilita criar empatia com o entrevistado para que as informações sobre as questões a serem realizadas possam ser compartilhadas, com mais informações tanto por parte do entrevistador como do entrevistado. Para Marconi e Lakatos (2017, p. 213),

> A entrevista é um encontro entre duas pessoas, a fim de que uma delas obtenha informações a respeito de determinado assunto, mediante uma conversação de natureza profissional. É um procedimento utilizado na investigação social, para coleta de dados, ou para ajudar no diagnóstico ou no tratamento de um problema social.

O objetivo central da entrevista na pesquisa consiste em obter dados, mas, tanto no Serviço Social quanto em outras áreas das Ciências Humanas Aplicadas, como a psicologia e a pedagogia, a entrevista é também uma técnica utilizada para atendimento ou, como as autoras pontuam, para ajudar no diagnóstico ou no tratamento de um problema.

Para Alfred Benjamin (2004), a entrevista é considerada como um instrumento primordialmente de "ajuda". Ele afirma: "Em qualquer caso, a questão fundamental para o entrevistador deve ser sempre a seguinte: qual será o melhor modo de ajudar essa pessoa?" (Benjamin, 2004, p. 16).

O autor aponta várias técnicas para uma entrevista eficaz nessa concepção – e pensar sobre esse instrumento é fundamental para o assistente social, que o utiliza diariamente em sua prática profissional. Mas, além de a entrevista representar uma "ajuda", destacamos que há uma relação dialógica de troca, que transforma entrevistador e entrevistado, mesmo na entrevista voltada à pesquisa. O entrevistado pensa sobre a sua prática e sobre suas vivências e, também, passa a refletir sobre suas vivências, assim como o entrevistador. Por isso, é importante pensar em duas questões fundamentais:

1. resguardar o sigilo em relação ao entrevistado e deixá-lo seguro disso;
2. ter uma postura de escuta e respeito às posições do outro.

Não podemos deixar de destacar a história de vida enquanto estratégia de conhecimento da realidade e de apreensão das experiências vivenciadas pelo nosso entrevistado. Segundo Minayo (2001, p. 59):

Para muitas pesquisas, a história de vida tem tudo para ser um ponto inicial privilegiado porque permite ao informante retomar sua vivência de forma retrospectiva, com uma exaustiva interpretação. Nela geralmente acontece a liberação de um pensamento crítico reprimido e que muitas vezes nos chega em tom de confidência. É um olhar cuidadoso sobre a própria vivência ou sobre determinado fato. Esse relato fornece um material extremamente rico para análises do vivido. Nele podemos encontrar o reflexo da dimensão coletiva a partir da visão individua.

Quando esgotamos o sentido que o sujeito dá às questões levantadas e encontramos pontos em comum entre os entrevistados, temos conteúdos riquíssimos a serem avaliados na análise do discurso, como veremos mais adiante. Martinelli (2009) destaca como o contato direto com o sujeito de pesquisa apresenta uma perspectiva valiosa a partir do momento em que podemos imprimir a visão deste às experiências.

"Trata-se, portanto, de uma outra ambivalência, onde vamos privilegiar instrumentos que superem o questionário, o formulário e que vão incidir mais na narrativa oral, na oralidade" (Martinelli, 2009, p. 22).

A autora, porém, destaca que não desconectamos o sujeito de sua estrutura e de sua vida cotidiana. É importante pensarmos que a história de uma comunidade, de uma instituição, muitas vezes pode ser contada somente pelas pessoas, e, quando se perdem as pessoas, perde-se a história. Assim é nas histórias indígenas, nos mitos.

No Serviço Social, é possível construir o conhecimento utilizando a história oral. O estudante Rafael Terézio Muzi contou a história da Companhia de Habitação Popular (Cohab-CT) com relatos de pessoas que viveram essa história e, também, com fotos e materiais antigos. O título do trabalho, "A pedra fundamental: trajetória histórica do Serviço Social na Companhia de Habitação Popular – Cohab Curitiba (1972-2010)", é justificado desta forma:

"A Pedra Fundamental", termo utilizado pelos trabalhadores da construção civil para designar os alicerces de uma obra, é também uma referência ao trabalho desenvolvido pelo Serviço Social no decorrer desta história, de importância sim, fundamental, para que as ações da Companhia lograssem êxito em suas áreas de intervenção. "A Pedra Fundamental" é referência também a essa iniciativa de resgatar pormenores de uma história pouco conhecida, que merece ser melhor analisada e mais valorizada, como fator determinante para planejar as ações do futuro. (Muzi, 2010, p. 9)

Com base no exposto, constatamos como, em um trabalho formal, podemos dar sentido às vivências com criatividade.

6.2.4 Questionário

Tozoni-Reis (2009, p. 66) considera o questionário como "o grau máximo de estruturação de uma entrevista". Para a autora, "Esse instrumento de pesquisa consiste num conjunto de questões predefinidas e sequenciais apresentadas ao entrevistado diretamente pelo pesquisador ou indiretamente via correspondência" (Tozoni-Reis, 2009, p. 66).

O questionário é visto como um instrumento de pesquisa quantitativo, principalmente por apresentar, de forma geral, questões fechadas; porém, ele pode ser utilizado também como um instrumento qualitativo, visto que estrutura as entrevistas. Geralmente, nos TCCs, considera-se *questionário* quando as perguntas são enviadas para serem respondidas pelo nosso entrevistado, e *entrevista* quando temos a pessoa frente a frente, complementando as questões e observando os gestos corporais.

Para o questionário quantitativo abranger um maior número de pessoas, pode ser enviado via formulário *googles* (ferramenta da internet que pode tabular os dados respondidos, assim como outros dados). A vantagem de se aplicar esse questionário é que se pode abarcar maior número de respondentes, assim como ter a facilidade de editar e organizar as respostas. Existem outras ferramentas na internet, mas é importante que o entrevistador, ao pensar nas questões a serem realizadas, tenha muito claro quais são os objetivos do trabalho, as questões norteadoras ou hipóteses, além do domínio do referencial teórico que deve subsidiar a forma de abordagem das questões.

Para Moreira e Caleffe (2008) existem vantagens e desvantagens do uso do questionário. As vantagens são:

> "uso eficiente do tempo;
> anonimato para o respondente;
> possibilidade de uma alta taxa de retorno;
> perguntas padronizadas" (Moreira; Caleffe, 2008, p. 96).

Por outro lado, os autores pontuam duas limitações: 1) o dado coletado tende a descrever, e não a explicar as coisas da maneira que são; 2) o dado pode ser superficial. Assim: "A utilidade do questionário pode ser reduzida por uma preparação inadequada" (Moreira; Caleffe, 2008, p. 99).

No TCC, a pesquisa de campo sempre fica por último e, geralmente, o tempo é escasso. Essa parte da pesquisa, que é de suma importância por mostrar realmente a interpretação da realidade, acaba se tornando mais superficial. Assim, o questionário se torna uma forma mais rápida de coleta de dados, mas suas perguntas acabam se tornando superficiais, por serem realizadas rapidamente para dar conta da tarefa.

Vários(as) estudantes reclamam que não possuem subsídios para a análise das respostas dos entrevistados, pois, normalmente, estes estão direcionados para responderem *sim* ou *não*, mostrando que a forma de elaborar as questões não é adequada. Assim, para não entrar em um labirinto na análise da pesquisa, preste atenção aos itens apresentados a seguir para a elaboração de um questionário, selecionados do texto de Moreira e Caleffe (2008). Estes três itens foram destacados como primordiais ao se pensar na pesquisa em Serviço Social:

a. **Linguagem**: Os itens devem se adequar à linguagem dos respondentes; por isso, cuidado com o vocabulário, principalmente quando você vai entrevistar usuários. Os autores orientam que um estudo piloto é essencial, ou seja, deve-se elaborar um questionário que seja uma forma de verificar se as questões são adequadas ao público.

b. **Clareza**: Deve-se cuidar para que os itens apresentados sejam claros e sem ambiguidades. É importante apresentar várias categorias de respostas para economizar tempo nas análises.

c. **Itens com características indutivas**: Itens que apontam a resposta na pergunta; pode ser do tipo:

- É verdade que a sua supervisora de campo, com a grande demanda de trabalho, não tem tempo de atender os(as) estudantes?

Nesse caso, seria melhor uma pergunta aberta do tipo: Como é realizada a supervisão de campo?

Pense que, se o seu questionário for realizado em forma de entrevista, com perguntas abertas, deve produzir conteúdo que dê subsídios de análise ao pesquisador. Assim, realizar mais questões não prejudica a pesquisa, mas não ter conteúdo para análise, sim.

6.2.4 Estudo de caso

Para Gil (2008, p. 57-58), o estudo de caso "é caracterizado pelo estudo profundo e exaustivo de um ou de poucos objetos, de maneira a permitir o seu conhecimento amplo e detalhado, tarefa praticamente impossível mediante os outros tipos de delineamentos considerados".

Assim, ao estudar um objeto, de forma aprofundada, para detalhar seu conteúdo, utiliza-se o estudo de caso. Gil (2008) ainda nos alerta que essa forma de pesquisa vem sendo utilizada por diferentes pesquisadores, com diferentes propósitos, entre os quais:

a) explorar situações da vida real cujos limites não estão claramente definidos;

b) descrever a situação do contexto em que está sendo feita determinada investigação; e

c) explicar as variáveis causais de determinado fenômeno em situações muito complexas que não possibilitam a utilização de levantamentos e experimentos. (Gil, 2008, p. 58)

Os estudos de caso, nos TCCs de Serviço Social, são utilizados em situações que se destacam, que apresentam questões diferenciadas e precisam ser compreendidas para problematização de diferentes formas de analisar um fenômeno ou outras perspectivas analíticas em relação a uma política social. Um exemplo é o TCC de Serviço Social de Nadya Pereira dos Santos (2016), que se propôs a conhecer as famílias monoparentais masculinas que acessam os serviços do Centro de Referência da Assistência Social (CRAS). A estudante justifica o estudo de caso da seguinte forma:

> Uma questão a ser discutida é a de que as políticas públicas atuais reconhecem a mulher como a principal beneficiária para a implantação de seus serviços. De acordo com os estudos realizados, podemos ver que o acesso das famílias monoparentais masculinas às políticas sociais ainda não alcançou patamares tão elevados quanto das famílias monoparentais femininas; porém, com o crescimento do número de famílias com esse arranjo familiar, é possível que novas políticas públicas sejam necessárias. (Santos, 2016, p. 2)

A estudante encontrou apenas uma família monoparental masculina em um contexto de várias famílias atendidas no CRAS, observando que, como o papel dos cuidados dos filhos sempre é delegado à mulher, especialmente em famílias de baixa renda, esse fenômeno poderia ser temporário, até que um novo arranjo se estabelecesse. Nesse sentido, Yin (2010, p. 39) afirma que o "estudo de caso é uma investigação empírica que investiga um fenômeno contemporâneo dentro de seu contexto de vida real, especialmente quando os limites entre o fenômeno e o contexto não estão claramente evidentes".

Foi preciso compreender as motivações dessa família em profundidade. Mas, para Yin (2010), os estudos de caso podem incluir estudos de caso único, assim como casos múltiplos, mas também serem limitados à questão quantitativa. Nos TCCs em Serviço Social, encontram-se situações de análise qualitativa que podem abranger casos múltiplos, como o TCC de Rosemari Helvig de Lima (2013), que realiza um estudo da Política de Assistência Social em três municípios do Paraná, mostrando que, com base nas diretrizes estabelecidas pelo Sistema Único da Assistência Social (Suas), para que os municípios recebam financiamento, alguns municípios não conseguem cumprir requisitos. Assim, ela apresenta alguns desses municípios e os motivos, assim como a abordagem da Secretaria do Estado para acompanhar, orientar e avaliar. No TCC, comenta-se o que se observa em relação aos municípios:

> Foram vistos [sic] casos de vários municípios que ficaram durante anos com dificuldades em construir uma equipe técnica condizente com as exigências do SUAS, ou que não conseguiam realizar um concurso, que não possuíam suporte financeiro para construir um CRAS e acabavam compartilhando com outros órgãos, ou até mesmo, que não conseguiam apresentar um Balancete do Fundo Municipal de Assistência Social (FMAS) que respeitasse as referidas normas. (Lima, 2013, p. 17)

Com base na apresentação desse contexto, justificam-se e apresentam-se os municípios:

> Para se compreender a situação dos municípios atualmente dentro do processo de adesão à Gestão do SUAS, buscou-se, portanto, através do estudo de caso de cinco municípios, conhecer suas trajetórias desde 2005, onde se deu início ao processo de implantação, implementação e aprimoramento do Sistema Único de Assistência Social no Paraná. (Lima, 2013, p. 87)

Yin (2010) destaca que o estudo de caso é utilizado em eventos contemporâneos; porém, os comportamentos relevantes não podem ser manipulados, como em outros estudos. A diferença entre o estudo de caso e a pesquisa histórica é que naquele pode ser realizada observação direta dos eventos e/ou entrevistas com envolvidos. Como nos TCCs avaliados, na área social, esse estudo pode ser avaliativo e de compreensão de fenômenos complexos.

6.2.5 Grupo focal

Em relação aos grupos focais, Barbour (2009) ressalta como um dos textos mais antigos faz referência ao termo *entrevista de grupo*, porém relacionando-o à análise da interação entre os participantes. Assim, para a autora, é necessário que o moderador estimule os participantes do grupo a conversarem entre si, em vez de somente interagirem com o pesquisador.

Para criar um grupo focal, é necessário pensar, além do grupo, em um moderador e em alguém que possa registrar a interação. Barbour (2009) destaca que, em um grupo focal, é importante o desenvolvimento de um "guia de tópico" (roteiro) e a seleção de materiais de estímulo que incentivem a participação, além da seleção dos participantes, determinando o que estes têm em comum entre si. Dessa forma,

> ainda que a atenção à interação grupal se refira ao processo de moderar discussões, com o pesquisador se atendo às diferenças em perspectivas e ênfases dos participantes e explorando-as, também está associada à importância de observar as interações do grupo: as dinâmicas do grupo e as atividades nas quais ele se engaja – seja formando um consenso, desenvolvendo uma estrutura explicativa [...]. (Barbour, 2009, p. 21)

Assim, cria-se um roteiro pré-estruturado, apesar de outras questões serem trabalhadas no âmbito do grupo, como o TCC, que veremos a seguir. Talita Sharon Machado (2016) realizou um grupo focal com surdos participantes do CRAS. A demanda de surdos no espaço profissional era grande, e ela, que já possuía uma experiência com trabalho com Libras (Língua Brasileira de Sinais), percebeu como era difícil a compreensão das características dessa demanda devido à dificuldade de comunicação. Foi uma ideia diferenciada; a interação foi realizada com linguagem de sinais, o grupo foi filmado e, depois, descrito.

A estudante realizou um grupo focal também com as profissionais assistentes sociais, a fim de compreender a concepção de suas dificuldades em relação ao atendimento dessa demanda.

Vejam o destaque de relatos no grupo:

> Donald: Eu fui atendido pelo Serviço Social duas vezes e a comunicação foi bem ruim, mesmo utilizando o recurso da escrita eu fiquei bem confuso, a assistente social me perguntava sobre minha renda e como fazia para comprar alimentos em casa, foi bem confuso, mas eu tentei colaborar. Avisei que não precisava se preocupar, pra ficar calma, que eu ajudaria na comunicação. Eu sei ler e escrever em português, mas minha esposa, não, então eu tinha que explicar a ela tudo. Para mim também não era muito claro, foi bem difícil. O usuário dispõe da informação de que apesar de saber o português, ficou confuso com a utilização da língua e ainda expõe a dificuldade de sua esposa Margarida para entendimento da fala em português. (Machado, 2016, p. 65)

Em relação às profissionais, acompanhamos as falas de outra perspectiva:

> Magali: É, existe uma coisa assim de que eu não vou me fazer compreender. E eu então que não fiz o curso de LIBRAS. Então, eu vou assim, com a cara e a coragem, e o que eles conseguirem entender... e eu conseguir me fazer me entender também. Existe aquele receio assim: "será que eu vou ser compreendida?". Porque a gente tem todo um conhecimento, todo um trabalho que a gente consegue fazer com quem não tem dificuldade, né, de compreensão, agora com eles é muito mais difícil. Lógico, a gente sempre fica com receio se a gente vai ser compreendida, pelos que entendem a "linguagem labial" é mais fácil. (Machado, 2016, p. 65)

Nos relatos, percebe-se o ponto de vista do usuário e do profissional e ressalta-se que a troca no grupo é uma importante ferramenta de aprendizado na interação de seus atores. Além de ser uma técnica de pesquisa, os grupos focais podem "politizar" questões ao tornarem histórias e expectativas públicas. No caso dessa discussão, foi importante para os envolvidos discutirem situações comuns e conhecerem perspectivas opostas.

6.2.6 Avaliação de programas e projetos

No Capítulo 4, vimos que uma das modalidades de TCC em Serviço Social é a Avaliação de Programas e Projetos Sociais, visto que o profissional assistente social trabalha com gestão. Os projetos podem ser avaliados em relação à sua eficiência, eficácia e efetividade. Uma avaliação envolve um julgamento, uma medida de aprovação ou desaprovação de uma política pública que traduz uma concepção de como esta deve estar organizada, não apenas de forma instrumental, mas na sua concepção política. Assim, é necessário conhecer e aprofundar a política a ser avaliada.

> Nesse sentido, não existe possibilidade de que qualquer modalidade de avaliação ou análise de políticas públicas possa ser apenas instrumental, técnica ou neutra. Nesta perspectiva, qualquer linha de abordagem das políticas públicas supõe, da parte do analista, um conjunto de princípios cuja demonstração é, no limite impossível, dado que corresponde a opções valorativas pessoais. Neste sentido, o uso adequado dos instrumentos de análise e avaliação é fundamental para que não se confunda opções pessoais com resultados de pesquisa. (Arretche, 2007, p. 29-30)

Um TCC avaliativo deve apresentar claramente seus propósitos de avaliação e expor o projeto a ser avaliado, destacando sua especificidade. Por exemplo, em uma avaliação de efetividade, pode-se considerar a avaliação de indicadores de resultado.

Para efeito de exemplo, o TCC de Edna Regina Biz (2012), por meio de um programa com famílias, considerou a avaliação do programa com base na percepção dos profissionais envolvidos. Inicialmente, o programa é explicado e as famílias são selecionadas por um índice de vulnerabilidade criado por intermédio da inscrição no Cadastro Único da Política de Assistência Social. A seguir, é realizado um plano de ação com essa família, no qual existe uma pactuação de metas feita entre os membros da família e o profissional que a atende. É um trabalho intersetorial; por isso, os profissionais dos vários órgãos envolvidos (Cohab, Assistência Social, Educação, Saúde etc.) realizam uma avaliação de todas as ações. A estudante partiu dessa avaliação para analisar os resultados do programa. Veja um item do quadro avaliativo:

🔊 **Percepções dos profissionais sobre o fenômeno estudado**

Quadro 6.1 – Trabalho intersetorial local

INCLUSÃO DAS FAMÍLIAS: PROCESSO DE SELEÇÃO, PLANO DE AÇÃO E PACTUAÇÃO	
Avanços	Desafios
Maior fidedignidade quanto ao processo de seleção, com base nas mudanças dos critérios e maior participação do CRAS.	Necessidade de ampliação dos critérios de seleção; necessidade de retomada da discussão conjunta dos planos de ação; promoção de mais momentos informativos entre as secretarias integrantes do comitê; ampliação da autonomia do CRAS quanto à decisão dos critérios.

Com base nos itens apresentados no quadro, foi possível pensar na efetividade, ou seja, nos resultados. Nesse sentido, ao avaliar uma ação, é necessário fundamentar-se em dados disponíveis.

Síntese

Neste capítulo, abordamos os tipos de pesquisa que são utilizados nos TCCs, como a pesquisa bibliográfica e a documental, visto que são fontes utilizadas para todo o conteúdo escrito. Apresentamos também as formas de coleta de dados mais utilizadas no Serviço Social, como entrevista, questionário, grupo focal e estudo de caso. Em relação ao questionário, refletimos sobre a construção de questões que sejam efetivas para o enriquecimento da pesquisa. Ao final, destacamos a pesquisa avaliativa apontando caminhos para sua organização com base no trabalho com projetos e programas.

Para saber mais

MINAYO, M. C. de S. (Org.). **Pesquisa social**: teoria, método e criatividade. 25. ed. Petrópolis: Vozes, 2007.

Nessa obra, a pesquisa social recebe duas formas de tratamento. Na primeira, mais teórica e abstrata, o leitor é introduzido nas polêmicas do mundo científico e nos conceitos básicos da pesquisa social. Num segundo momento, a autora articula a teoria com a prática, caminhando para a pesquisa social qualitativa.

SETUBAL, A. A. **Pesquisa em serviço social**: utopia e realidade. São Paulo: Cortez, 1995.

Abordando a questão da pesquisa no âmbito do Serviço Social, a autora revela um momento de maioridade da profissão, que, sendo fundamentalmente uma prática de interferência nas relações sociais, vem se colocando como uma efetiva interlocução no processo de construção do conhecimento no campo social.

Questões para revisão

1. Leia atentamente as afirmativas a seguir.
   I) O questionário é visto como um instrumento de pesquisa quantitativo, principalmente por apresentar, de forma geral, questões fechadas, e pode ser utilizado apenas dessa forma.
   II) O registro da observação pode ser feito em diário ou em caderno. A observação também constitui uma técnica de coleta de dados importante no campo de estágio, pois possibilita conhecer a instituição, os usuários e a realidade do trabalho profissional.
   III) No estudo de caso, é importante realizar um levantamento de maior abrangência para análise da situação, com uma grande amostra.
   IV) Na pesquisa qualitativa, são utilizados dados estatísticos, pois estes conferem maior precisão à análise dos fatos.

Está(ão) correta(s) a(s) afirmativa(s):

a) I.
b) II.
c) III.
d) I, II e IV.
e) Todas as alternativas estão corretas.

2. Leia atentamente as afirmativas a seguir.
   I) A entrevista tem a vantagem de utilizar a observação como técnica conjunta, que possibilita criar empatia com o entrevistado para que as informações sobre as questões a serem realizadas possam ser compartilhadas.
   II) Yin (2010) destaca que o estudo de caso é utilizado em eventos contemporâneos; porém, os comportamentos relevantes não podem ser manipulados, como em outros estudos.
   III) No grupo focal, cria-se um roteiro pré-estruturado, apesar de outras questões serem trabalhadas no âmbito do grupo.

   Está(ão) correta(s) a(s) afirmativa(s):

   a) I e II.
   b) II.
   c) III.
   d) I, II e III.
   e) Nenhuma das respostas anteriores está correta.

3. Consiste na vivência da rotina da comunidade ou do grupo a ser observado. Na Antropologia, essa observação compõe a seguinte pesquisa etnográfica:

   a) Observação simples.
   b) Observação participante.
   c) Observação sistemática.
   d) Observação complexa.
   e) Observação ativa.

4. Elabore um questionário como modelo para pesquisa com base no que você entendeu com o estudo deste capítulo.

5. Na sua opinião, como o grupo focal pode politizar os integrantes com base na troca de experiências?

Questão para reflexão

1. O Serviço Social é uma área voltada ao estudo e à intervenção das políticas públicas. Com base nisso, faça um esboço de uma pesquisa avaliativa, definindo os seguintes itens:

   objetivo geral;
   objetivos específicos;
   técnicas de coleta de dados.

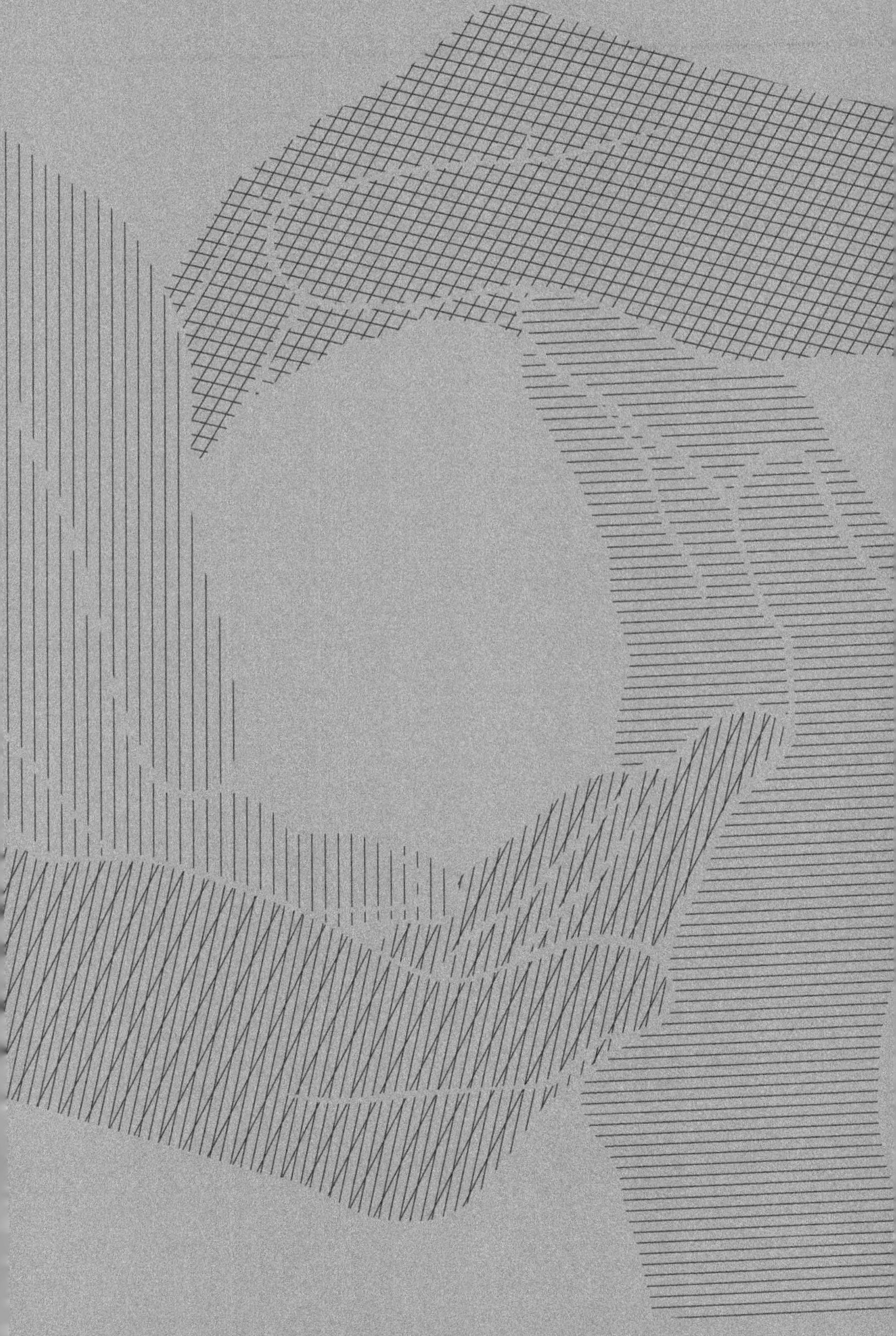

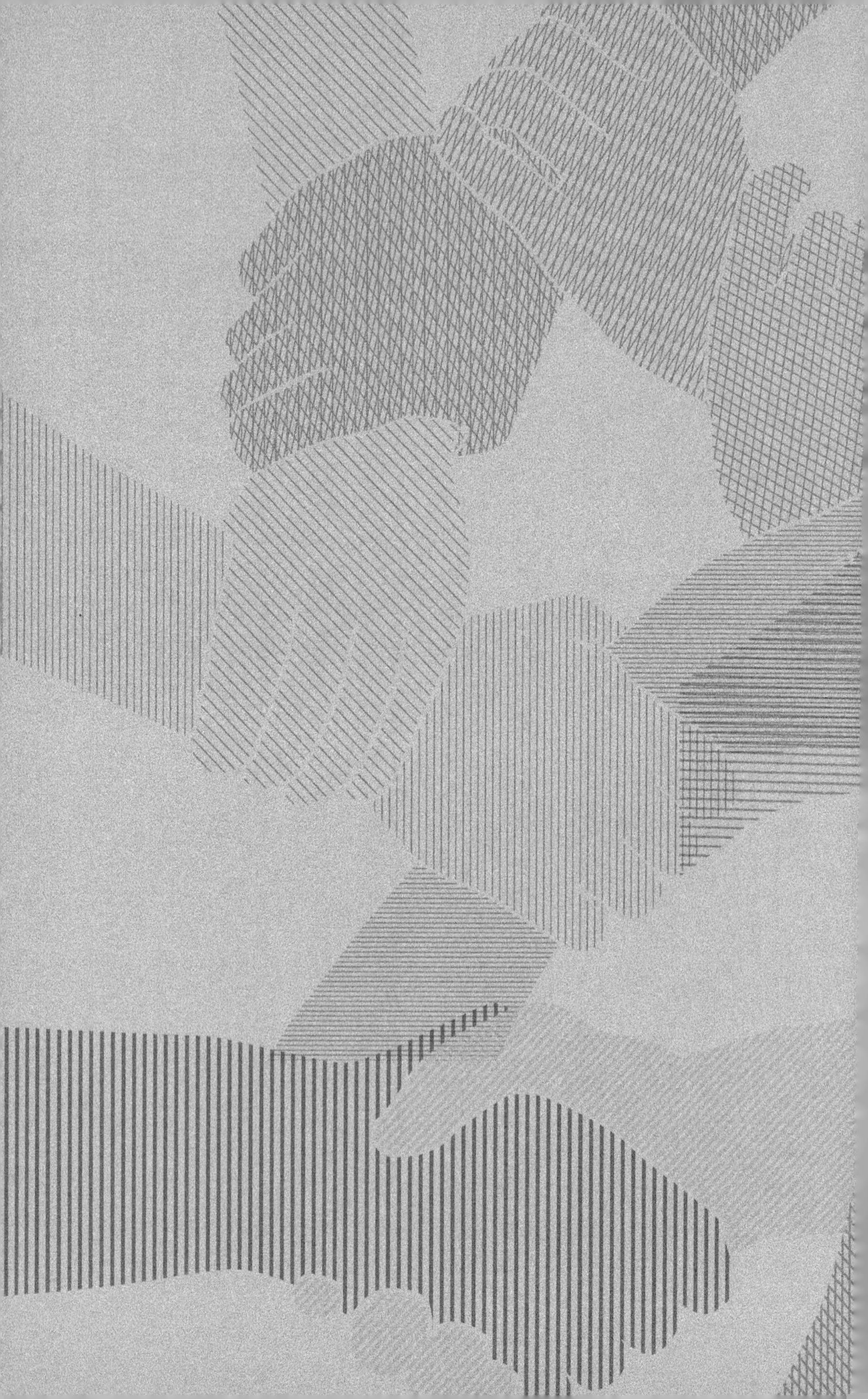

CAPÍTULO 7

Organizando nossa colcha de retalhos

Conteúdos do capítulo

- Análise de discurso e análise de conteúdo.
- Procedimentos metodológicos.
- Representações sociais.
- Organização do trabalho de conclusão de curso (TCC): organizando nossa colcha de retalhos.
- Uma breve reflexão sobre a apresentação de TCC nas bancas.

Após o estudo deste capítulo, você será capaz de:

1. apresentar o conteúdo de interpretação de dados e análise de dados do TCC, diferenciando análise de discurso e análise de conteúdo;
2. apresentar uma breve reflexão sobre representação social;
3. refletir sobre a apresentação do TCC nas bancas;
4. relacionar os elementos do TCC para visualizar como ele se organiza.

7.1 Análise de discurso e análise de conteúdo

Nesse ponto do nosso trabalho, chegamos a uma situação em que devemos nos colocar diante do resultado da pesquisa que realizamos. Olhamos para a entrevista e para o questionário e notamos que o primeiro aspecto a ser entendido é que produzimos um texto. Mas, o que é um *texto*?

A comunicação e a linguagem são quebra-cabeças que precisamos juntar para dar um significado àquilo que queremos dizer, analisar ou interpretar. A unidade básica da comunicação é a palavra. Mas sabemos que somente a palavra não constitui um texto; na verdade, ela é parte do texto.

Se você observar, até mesmo numa conversa trivial, o texto surge no momento em que unimos as palavras. Ao unir as palavras, formamos uma frase; o conjunto das frases forma um parágrafo; e o conjunto dos parágrafos, que são coesos e ligados entre si, formam um texto. E, assim, concluímos que o que dá sentido na elaboração de uma pesquisa é a forma como elaboramos um texto. Não são as palavras bonitas e/ou os poemas citados que fazem um texto ser um texto.

Para que o texto seja um discurso, ele precisa apresentar um conteúdo. O conteúdo nada mais é do que a ideia, a mensagem concretizada pela palavra, e da palavra, pelo texto.

Para escrever um texto com base em elementos coletados da pesquisa, necessitamos compreender e interpretar as várias modalidades descritas no levantamento de dados. Isso se torna necessário porque a interpretação de textos, na pesquisa qualitativa, constitui uma etapa posterior à coleta de dados, que terá como função o desenvolvimento da teoria, bem como o embasamento para coleta de dados adicionais e a decisão de quais casos devem ser selecionados.

7.1.1 Preparação de dados

Antes de nos debruçarmos na análise de discurso e na análise de conteúdo, temos de pensar em como preparar os dados. É importante que, na parte de análise dos dados, você possa saber claramente sobre escolhas metodológicas, técnicas de coleta de dados utilizadas (entrevistas, questionário, grupo focal, observação, entre outras), amostra e universo de pesquisa.

É importante sempre fazer um termo de consentimento em entrevistas ou em grupos focais ao utilizar imagens. Porém, também é importante manter sigilo utilizando nomes fictícios, principalmente quando se pode identificar os sujeitos da pesquisa, os quais podem ficar expostos institucionalmente. Há vários trabalhos criativos em que estudantes utilizam nomes de flores, ou iniciais, ou autores de literatura, entre outros. Veja o exemplo apresentado no quadro a seguir.

Quadro 7.1 – 1º grupo focal: usuários surdos do CRAS Leste

1º GRUPO FOCAL: usuários surdos do CRAS Leste			
Nomes fictícios	Idade	Sexo	
VOVÓ DONALDA (DONALDA)	58	Feminino	
MAGA PATALOJIKA (MAGA)	29	Feminino	
MADAME MIN (MIN)	25	Feminino	
CLARABELA	39	Feminino	Casal
HORÁCIO	53	Masculino	
MARGARIDA	22	Feminino	Casal
DONALD	28	Masculino	

Fonte: Machado, 2016, p. 51.

Características, como idade e sexo, por exemplo, são importantes para que o leitor possa compreender o perfil dos sujeitos da pesquisa. Para padronização das entrevistas, Gibbs (2009) destaca que a convenção nas análises é colocar o nome da pessoa entrevistada em letra maiúscula, no início de cada fala, principalmente em grupo focal, onde se procura o mesmo nome em outra parte da análise.

7.2 Análise do discurso

Ao realizar uma pesquisa, notamos que deveremos percorrer vários níveis e que, naturalmente, aparecerão algumas dificuldades na sua realização. Isso se deve ao fato de que o pesquisador, muitas vezes, não conhece as técnicas e as metodologias que deverão ser utilizadas na análise dos dados.

Uma primeira observação deve ser feita quanto à coleta de dados: se não for bem executada, compromete o resultado da pesquisa; ou, ainda, na tentativa de encerrar logo o processo, o(a) estudante considera que já fez o suficiente. Vale lembrar que a análise dos dados, na realização da pesquisa, constitui um dos momentos mais importantes e, por isso, demanda tempo para reflexões e análises, pois o método e a técnica escolhidos pelo pesquisador exigem muita atenção e cuidado.

Por se tratar de uma escolha, tanto o método quanto a técnica deverão oferecer a melhor ferramenta para a análise dos dados e a sua multiplicidade de possibilidades. Quando se realiza uma pesquisa de natureza qualitativa, esta deve oferecer inúmeras possibilidades com base no conjunto dos dados recolhidos, e isso se deve, em grande parte, aos muitos significados que se originam por meio da pluralidade de realidades envolvidas na coleta de dados.

Os métodos mais utilizados na análise de dados qualitativos são a análise do discurso e a análise de conteúdo.

Apesar de serem abordados de forma relacionada, esses métodos são distintos em suas metodologias de análise e em seus objetivos.

Na sua metodologia, a análise do discurso busca a compreensão dos modos discursivos que são gerados com base em seu agente. Já a análise de conteúdo caracteriza o objeto de estudo como o material que se registra e pode estar presente, por exemplo, em uma escrita, em um registro documental, em uma narração e em um audiovisual.

Mas, afinal, o que é *discurso*?

Quando imaginamos a linguagem de situações reais em uso, estamos no campo do discurso; sendo assim, podemos analisar o fenômeno da linguagem por intermédio da análise do discurso.

Existem várias teorias e concepções de discurso, mas iremos identificar um conceito básico que está presente nas diversas teorias do discurso. Nesse sentido, devemos prestar atenção ao seguinte:

- a linguagem se constrói na relação com o mundo;
- a linguagem constrói o mundo da nossa percepção;
- o sujeito se constrói e estabelece relações entre a linguagem e o mundo.

O que entendemos por *análise do discurso*?

Do ponto de vista histórico, o que hoje chamamos de *análise do discurso* vem desde a Grécia Antiga com os estudos sobre a retórica. Para Aristóteles, os recursos retóricos e a persuasão nos discursos públicos inauguraram a argumentação da época. Mas somente na década de 1970 ocorreu a mudança de se pensar na frase para pensar o texto.

Diante da insuficiência de uma análise de texto, praticada pela análise de conteúdo, que se pautava numa visão conteudista, a análise de discurso propõe o entendimento de um plano discursivo em que se complementam linguagem e sociedade, permeadas pelo contexto ideológico. O objetivo da análise do discurso não é constituir uma nova linguística, mas proporcionar uma alternativa de análise, mesmo que à margem da perspectiva linguística tradicional.

Nesse entendimento, constata-se uma nova percepção da função da linguagem, que não se limita a dar suporte ao pensamento, mas é apreendida como interação e construção social, ampliando o enfoque da linguística. Uma linguística que se limita ao estudo interno da língua não pode dar conta do objeto; é necessário que a língua[1] traga para o seu sistema um enfoque que articule a linguística e o social.

Ao analisar os discursos, essa metodologia pretende apontar o sentido oculto que deve ser captado e que, sem uma técnica adequada, permanece obscuro e inatingível.

Portanto, a análise do discurso trabalha o sentido, e não o conteúdo do texto; um sentido que não é traduzido, mas produzido.

A análise do discurso tem como objetivo apreender os significados que se apresentam nas suas mais variadas formas de análise, que podem ser verbais ou não verbais, bastando que sua produção tenha um significado para poder interpretá-la. O que se tem como ideia é que a forma discursiva não se limita ao ordenamento verbal nem a uma mera descrição do conteúdo comunicativo, ou seja, o discurso não é constituído somente de palavras, mas compreende uma percepção mais ampla da multiplicidade de como acontece a comunicação e suas relações com os sujeitos na realidade.

> O objetivo da análise do discurso não é constituir uma nova linguística, mas proporcionar uma alternativa de análise, mesmo que à margem da perspectiva linguística tradicional.

Isso significa que houve transformações no objeto da análise, passando da fala individual e não passível de análise científica para a fala do texto como objeto de discurso e produtor de sentido.

---

1 A **língua** é um **código verbal característico**, ou seja, um conjunto de palavras e combinações específicas compartilhado por um determinado grupo (Oliveira, 2019, grifo do original).

Apesar de suas diferentes concepções epistemológicas e metodológicas, há um fato que as unifica: toma um objeto do ponto de vista linguístico e procura, no texto, o estudo das formas do discurso. A análise do discurso (ou *análise de discursos*) é uma ciência que consiste em analisar a estrutura de um texto e, com base nessa análise, compreender as construções ideológicas nele presentes. Nesse sentido, apresentamos e descrevemos as principais perspectivas da análise do discurso.

Análise Semiótica do Discurso

A semiótica é uma teoria dos signos que analisa os modos de produção, funcionamento e recepção dos diferentes sistemas de signos simbólicos que permitem a comunicação entre indivíduos e grupos. Embora derivada da linguagem, a semiótica visa a uma análise sistemática dos sistemas simbólicos, dentre os quais a linguagem, para revelar a relação entre o significante ou expressão, tal como a palavra ou o símbolo, e o significado ou o conteúdo. A Análise Semiótica do Discurso busca decodificar o sistema de signos situado no texto, assim, estabelecendo as articulações homólogas, analógicas e simbólicas dos signos, a fim de mostrar as conexões e o sistema de signos que dão significado à realidade.

Estruturalismo

O estruturalismo é tributário das ideias de Saussure (1970), que estudou a linguagem como a faculdade universal de falar, distinguindo a língua (sistema de sinais que se usa para se comunicar) e a fala (uso concreto e individual dos elementos, sujeito a variações). Para o estruturalismo linguístico, a língua é um sistema estrutural de relações opostas ou equivalentes, entre os diversos elementos que determinam o significado; esta deriva das relações variáveis entre os diversos elementos, e não da referência a um objeto específico; os vários elementos do texto podem ser analiticamente extraídos, arranjados, combinados ou transformados para criar um novo sentido. Os estruturalistas tinham a expectativa de criar uma ciência objetiva que buscasse as relações descritivas ou causais de uma estrutura linguística ou da estrutura social.

Análise Foucaultiana do Discurso

O papel da Análise Foucaultiana do Discurso é um desenlear das relações de poder ocultas nos aprimoramentos epistemológicos, no discurso tido como objetivo, nos conceitos formais. Na perspectiva foucaultiana, todo discurso, suas definições, seus conceitos e suas transformações semânticas revelam a tensão entre indivíduos, o contexto histórico e social, o poder e a resistência nas inter-relações humanas. O discurso é um meio de produzir e organizar o significado no contexto social. A linguagem é a matriz dos discursos que se constituem em formações discursivas: modos significativos de organizar as experiências humanas do mundo social em linguagem e, assim, constituir modos de conhecimento.

Análise Crítica do Discurso

Deriva originalmente do grupo de intelectuais da Escola de Frankfurt, onde foi empreendida uma crítica às instituições políticas e sociais que historicamente oprimem as pessoas, a fim de expor as formas culturais de opressão e oferecer os instrumentos para superá-las. A pesquisa crítica possui alguns referenciais que podem ser condensados nas seguintes proposições: todo pensamento é fundamentalmente mediado por relações de poder; os fatos nunca estão isolados do domínio dos valores ou separados de alguma forma de inscrição ideológica; a relação entre o conceito e o objeto, entre o significante e o significado nunca é estável ou fixa; a linguagem é central na formação da subjetividade, seja consciente ou inconscientemente; certos grupos são privilegiados em relação a outros. A tarefa da Análise Crítica do Discurso é considerar a linguagem conexa com a estrutura social, avaliar a função do discurso, sua ideologia na produção, na manutenção e na transformação das relações sociais de poder, desmistificar os discursos dominantes e construir uma consciência crítica.

Existem duas abordagens em análise do discurso: a análise do discurso francesa e a análise do discurso inglesa ou anglo-saxônica. A primeira análise se constitui com base na ideia de "sujeito" de quem emite o discurso por intermédio dos modos de pensar já institucionalizados, por exemplo, a família, a religião, a ciência etc. A segunda análise tem como própria a representação ativa do sujeito ao utilizar-se de seu discurso para fazer acontecer algo, ainda que sob alguns posicionamentos da ordem linguística que terá de obedecer.

O Quadro 7.2 resume as diferenças entre essas abordagens, segundo Maingueneau (1997).

Quadro 7.2 – Análise do discurso francesa *versus* Análise do discurso inglesa

	Análise do discurso francesa	Análise do discurso anglo-saxônica
Tipo do discurso	Escrito	Oral
	Quadro institucional doutrinário	Conversação cotidiana comum
Objetivos determinados	Propósitos textuais = explicação e forma	Propósitos comunicativos = descrição e uso
	Construção do objeto	Imanência do objeto
Método	Estruturalismo (Linguística e História)	Interacionismo (Psicologia e Sociologia)
Origem	Linguística	Antropologia

Fonte: Maingueneau, 1997, citado por Gonçalves, 2016, p. 287.

De acordo com Gonçalves (2016, p. 287), Bardin (2011) explica que

> A corrente anglo-saxônica designa por discurso qualquer forma de interação formal ou informal, qualquer linguagem no seu contexto social e cognitivo, e inspira-se na psicologia, na antropologia, na pragmática e na etnometodologia, a qual observa o modo como a linguagem é utilizada em situações de vida corrente. Enquanto que, na corrente francesa, a Análise do Discurso advém do estruturalismo

e da linguística e está dividida entre a descrição linguística e a dificuldade em responder às exigências interpretativas das ciências humanas.

De outra forma, podemos entender que o discurso é construído e determinado pela linguística, mas a sua constituição ideológica é feita a partir de sua realidade social, ou, ainda, pela interação com essa realidade, levando em conta suas características culturais e, principalmente, as ideias de comportamento político-social que claramente podemos apreender da análise desse discurso. "Mais que uma análise textual, a análise do discurso é uma análise contextual da estrutura discursiva em questão" (Porto, 2019).

A função do discurso é produzir um sentido para aqueles que leem o texto, e esse sentido está permeado pela realidade social em que o discurso é proferido. Na análise do discurso presente em um texto, podemos observar as projeções do que se quer transmitir no que é escrito/falado, assim como os recursos de persuasão utilizados para criar a "verdade" do texto e os temas e figuras utilizados.

Levando-se em consideração a ideia de um texto, podemos reconstruí-lo com base em suas indicações e na forma como foi escrito. Pelo discurso, descobrimos os sistemas de valores que ali estão presentes. Para a análise eficaz de um texto, é importante compreender as situações diversas em que o texto foi produzido.

Algumas dessas situações podem constituir as dimensões pessoal, espacial e temporal. Além das situações e dimensões textuais, é necessário perceber as técnicas usadas e como estas produziram seus significados.

Para entender os sentidos subentendidos em um texto, é preciso que o enunciador e o enunciatário tenham um conhecimento partilhado que lhes permita inferir os significados. Esse conhecimento de mundo envolve o contexto sócio-histórico a que o texto se refere.

7.3 Análise de conteúdo

Explorada com base em um viés quantitativo, a análise de conteúdo passou por um processo de evolução a partir do início do século XX. Segundo Minayo (2001, p. 74, grifo do original):

> A técnica de **análise de conteúdo**, atualmente compreendida muito mais como um conjunto de técnicas, surgiu nos Estados Unidos no início do atual século. Seus primeiros experimentos estavam voltados para a comunicação de massa. Até os anos 50 predominava o aspecto quantitativo da técnica que se traduzia, em geral, pela contagem da frequência da aparição de características nos conteúdos das mensagens veiculadas.

A história da análise de conteúdo se encontra muito bem sistematizada por Bardin (2011). O uso da análise de conteúdo é bastante variado. Bardin (2011) menciona a análise de conteúdo como um conjunto de técnicas, indicando que há várias maneiras para analisar conteúdos de materiais de pesquisa. Destacam-se: a) análise de avaliação ou análise representacional; b) análise de expressão; c) análise de enunciação; d) análise temática.

Antes de mais nada, podemos entender que analisar o conteúdo como técnica de pesquisa significa descrever e interpretar todas as formas em que se apresenta, seja texto, seja documento, seja filmagens. De outro modo, essa técnica de pesquisa colabora para que o pesquisador, nas suas observações de modo mais sistemático – seja qualitativa, seja quantitativamente –, possa dar um novo sentido à pesquisa e, desse modo, alcançar uma abordagem que ultrapasse a leitura superficial.

Vista desse modo, a análise de conteúdo é mais do que uma técnica, pois seu alcance vai além da descrição do que se vê para atingir sua fundamentação teórica e prática, o que lhe confere o *status* de uma metodologia com peculiaridade e qualidades muito próprias para o processo de investigação.

Concretamente falando, por meio de sua constatação fenomenológica, o pesquisador faz uso do método indutivo e de sua capacidade imaginativa para chegar a graus mais profundos de compreensão do objeto que está sendo investigado.

Tratada como método de investigação, a análise de conteúdo e seus procedimentos auxiliam o pesquisador a processar os dados científicos coletados. É uma ferramenta, um guia prático para ação, que pode ser adaptada às mais variadas possibilidades daquilo que o pesquisador entender como importante. Tratando-se de comunicação, a análise de conteúdo é sempre adaptável e com possibilidades de aplicação em vários campos.

A fonte da análise de conteúdo pode ser oriunda de qualquer comunicação verbal ou não verbal, como cartas, jornais, revistas, entre outras. Essas informações chegam ao pesquisador de uma maneira elementar e precisam ser tratadas para facilitar a compreensão, a interpretação e a inferência que sugerem a análise de conteúdo.

Quando ressaltamos que a análise é uma interpretação feita pelo pesquisador, entendemos que ela ocorre por meio da percepção que ele tem do seu objeto de estudo e, por isso, jamais será uma interpretação desvinculada da compreensão do pesquisador e do que ele observa.

De acordo com Bardin (2011, p. 117), pode-se considerar a categorização como

> uma operação de classificação de elementos constitutivos de um conjunto, por diferenciação e, seguidamente, por reagrupamento segundo o gênero (analogia), com critérios previamente definidos. As categorias são rubricas ou classes, as quais reúnem um grupo de elementos (unidades de registro, no caso da análise de conteúdo) sob um título genérico.

7.3.1 Procedimentos metodológicos

Dentre os procedimentos metodológicos da análise de conteúdo utilizados com base na perspectiva qualitativa (de forma exclusiva ou não), são destacados os seguintes: preparação das informações, unitarização ou transformação do conteúdo em unidades, categorização ou classificação das unidades em categorias, descrição e interpretação. O caminho a ser seguido pelo pesquisador vai depender dos propósitos da pesquisa, do objeto de estudo, da natureza do material disponível e da perspectiva teórica por ele adotada.

1. **Preparação**

Tão logo o pesquisador tenha as diferentes amostras e informações que serão analisadas, é preciso submetê-las ao processo de preparação, ou seja, identificá-las. Uma leitura será imprescindível para se tomar uma primeira decisão sobre quais delas estão de acordo com os objetivos da pesquisa. Em seguida, o pesquisador precisará codificar os elementos das respostas e a documentação que foi coletada, para que seja possível sua identificação de modo rápido e eficiente.

2. **Unidade**

Esse processo visa definir um bloco para analisar, considerado um passo essencial para que se possa submeter o conteúdo a uma classificação. Essas unidades podem ser tanto as palavras quanto as frases, os temas e os documentos em sua forma integral. Será importante rever todos os materiais e identificar neles as unidades de análise, assim como codificar cada unidade, estabelecendo-se códigos adicionais, associados ao sistema de codificação já elaborado anteriormente. Por exemplo, se um documento receber o código 1, as diferentes unidades de análise desse documento poderão receber os códigos 1.1, 1.2, 1.3, e assim por diante.

Em seguida, cada unidade de análise precisa estar isolada para ser submetida à classificação. Como sugestão, pode-se reescrever cada uma delas em um papel, de modo a ficarem individualizadas e isoladas. Esse procedimento de isolar as unidades de análise exige que elas sejam reescritas e reelaboradas, de modo que possam ser compreendidas fora do contexto original em que se encontravam.

3. **Categorização**

A categorização constitui um procedimento que tem a finalidade de agrupar os dados, considerando a parte comum entre eles. Classifica-se por semelhança ou analogia, segundo critérios previamente estabelecidos ou definidos no processo. Esses critérios podem ser semânticos ou sintéticos, definindo-se categorias como verbos, adjetivos, substantivos etc. Ainda poderão ser constituídas com ênfase nas palavras, nos sentidos ou em critérios expressivos, focalizando em problemas de linguagem.

O processo de categorização é realizado com base na classificação dos elementos de uma mensagem, sempre por meio de critérios definidos pelo pesquisador. Constitui, portanto, uma síntese da comunicação. Seja por meio de dados, seja por meio de informações, a ideia principal é que se possa classificar essa mensagem de modo a extrair o que se pretende explorar numa futura análise.

Essa etapa é considerada uma das mais criativas da análise de conteúdo. No entanto, deve-se ficar atento para que as categorias sejam definidas com base nos dados ou nas informações coletadas. Você deve estar se perguntando: "Então, eu posso, segundo meu entendimento, categorizar as informações com base no que eu acho importante?". Será que isso bastaria para que você pudesse extrair das informações a sua realidade?

Veremos, a seguir, que existem critérios a serem seguidos quanto à categorização no processo de análise de conteúdo.

Para que se possa categorizar um processo, é necessário que sejam obedecidas algumas orientações, como: ter validade, ser exaustiva e homogênea, ser exclusiva e consistente.

Em decorrência disso, apresentamos alguns elementos com os respectivos critérios para as categorias em análise de conteúdo.

O primeiro critério diz respeito à sua **validade**. Esse critério define que as categorias deverão se adequar às metas propostas para a análise, bem como à natureza daquilo a que o pesquisador se propõe a responder em seu material de pesquisa.

Um segundo critério é a **exaustividade** ou **inclusividade**. Por meio desse critério, busca-se incluir todo o material analisado.

Tudo é importante e cada detalhe diz muito sobre o significado do objeto. Todos os dados que são significativos deverão ser classificados.

O terceiro critério é o da **homogeneidade**. Isso significa que a análise deverá ser estruturada numa única perspectiva, a fim de que todo o conjunto de elementos se torne homogêneo na sua classificação.

Além disso, devem ser levados em conta os critérios de **exclusividade** ou exclusão mútua. Isso significa dizer que um dado pode ser classificado somente numa única categoria.

E, por fim, o critério da **objetividade**, **consistência** ou **fidedignidade**. Há necessidade de os dados serem apresentados de modo claro e mencionados ao longo da análise. Para que isso ocorra, as categorias devem estar bem definidas e os respectivos locais de cada unidade de dados bem vinculados.

Vamos pensar em um exemplo. Ao iniciarmos a pesquisa, determinamos o problema, os objetivos e as questões que norteiam todo o processo. Definidas as questões norteadoras, temos de observá-las, para definirmos o instrumento de pesquisa.

As categorias podem ser definidas com base nos dados coletados, para dar mais clareza ao que se pretende, mas sempre deverão estar relacionadas com os objetivos e com o conteúdo teórico apreendido. Por exemplo, se o propósito maior da pesquisa é o processo de trabalho do profissional assistente social e se os dados apreendidos, em sua maioria, estiverem relacionados com a família dos usuários, o instrumento não está em conformidade com o propósito da pesquisa. Por isso, vale a pena, durante todo o processo do trabalho de conclusão de curso (TCC), rever os objetivos. Estes também podem mudar a partir da pré-banca, mas, muitas vezes, o estudante não revê suas motivações iniciais, deixando o conteúdo contraditório.

4. **Descrição**

Essa etapa corresponde ao processo de comunicar os resultados alcançados.

Se a natureza da pesquisa for qualitativa, deverá ser escrito um texto para cada modo de categorização, a fim de que o leitor perceba os diversos significados que se encontram na diversidade dos blocos de análise. Sugerimos que sejam usadas citações diretas com base nos dados originais, a fim de se evidenciar a concretude do material coletado, que, agora, está em processo de análise. Ressaltamos, no entanto, que se deve ter um cuidado importante, pois esse momento não é de interpretação nem de conclusões, uma vez que estamos descrevendo e observando os dados obtidos.

Por isso, entendemos que, nessa etapa, estamos escrevendo os sentidos que observamos de tudo que foi captado e analisado. Esse processo se conclui com algumas observações escritas, sendo resultado da análise do pesquisador com a intenção de validar os resultados obtidos.

5. **Interpretação**

Após a descrição, é necessário chegar a uma apreensão mais profunda do conteúdo observado. Para isso, utilizamos a interpretação.

A interpretação é o que realiza a dinâmica do processo de compreensão que envolve todos os elementos de um texto. Na interpretação, devemos ter a ciência de que a profundidade da compreensão se dá pela apreensão do que é manifesto pelo autor que o produziu e também pelos conteúdos que estão velados e/ou mascarados pelos autores, os quais, muitas vezes, não estão conscientes de sua existência. Portanto, o pesquisador que sabe ler e interpretar as entrelinhas chega a uma maior profundidade de compreensão.

Para finalizar, podemos sintetizar esse bloco desta maneira:

1. leitura dos dados coletados;
2. organização em categorias de análise;
3. divisão em blocos/unidades com o mesmo significado;
4. distinção das categorias;
5. síntese das categorias;
6. sistematização das categorias (início → meio → fim);
7. deduções e interpretação, com base no referencial teórico.

Veja um exemplo: com base na questão teórica, a estudante define a categoria e a explica.

> Categoria III: O trabalho do assistente social na Vigilância Socioassistencial
>
> Para alcançar o real objetivo deste trabalho, foi necessário realizar entrevistas com três professores que deram aula no Capacita SUAS sobre a temática da Vigilância Socioassistencial. A partir das respostas, procurou-se compreender de que forma se concretiza a relação do trabalho do assistente social com o trabalho realizado pela Vigilância Socioassistencial. (Santos, 2017, p. 62)

A unidade a ser discutida é definida na categoria, que caracteriza o trabalho do assistente social.

Agora, veja a fala que a estudante analisa:

> Neste sentido, foi elaborada uma questão referente à diferença entre um assistente social e um profissional de outra área desenvolver o trabalho da Vigilância Socioassistencial. Sobre isso, o entrevistado A respondeu que:
>
> Talvez, só talvez eu diria que o assistente social pode ser que tenha um olhar, é... Afinado, talvez. Mais aprimorado, pra identificação de vulnerabilidades que estão para além de situações econômicas, por exemplo, né? Que se estabelecem nas redes afetivas, situações que ultrapassam a realidade material, talvez o assistente social, se competente, ele possa construir nexos e mediações que superem o aparente, né? Mas eu não posso dizer que outros não possam fazer isso também, porque daí é subestimar outros profissionais. (Entrevistado A, Santos, 2017, p. 62)

A estudante realiza uma análise, fundamentada teoricamente na fala.

> Assim sendo, os profissionais que atuam na Vigilância Socioassistencial precisam ter uma atitude investigativa "indo além do conhecimento descritivo e contemplativo" (Brasil, 2016, p. 36). Pois que, neste sentido, "[...] a investigação é um estudo sistemático em busca de conhecimentos e respostas em relação a determinado objeto [...]". (Baptista, 2006, p. 15). (Santos, 2017, p. 62)

Nesse trecho, percebemos análise do discurso e de conteúdo. Comenta-se o discurso, que é fundamentado teoricamente, realizando uma relação teórico-prática.

7.4 Representações sociais

Até aqui, conhecemos algumas técnicas que nos auxiliam no tratamento do conteúdo e do discurso do material em análise. Podemos perceber como é possível, com algumas técnicas, que não são absolutas em si, uma análise de fundamental importância para entender não somente o que é dito, mas também aquilo que está nas entrelinhas. Essas técnicas se colocam como ferramentas para que possamos inferir, assim como interpretar aquilo que coletamos na entrevista, no questionário ou em outros elementos de levantamento de dados quantitativos ou qualitativos.

Mas, então, surge a questão: Como podemos aferir o pensamento, o registro simbólico de um grupo que pesquisamos? Ou, ainda, como perceber os valores e as crenças presentes numa determinada cultura, sociedade ou grupo pesquisado?

Nesse sentido, as representações sociais constituem um modo de compreensão daquilo que nos escapa da análise de conteúdo e do discurso. É necessário compreender o que diz nosso entrevistado. Por essa razão, o contexto social em que ele está inserido também conta para compreendermos sua forma de pensar e agir, assim como seus pensamentos individuais.

Dessa forma, podemos entender as representações sociais como um sistema de pensamentos, crenças e modos de explicar a realidade que pertencem a um grupo de indivíduos, que o constroem com base em suas relações sociais, por exemplo: a fala, os costumes, os hábitos etc.

A principal função das representações sociais é aproximar-se de algo que até então era estranho, possibilitando a sua classificação e elaboração por meio de ideias, do sistema de valores e de teorias que serão aceitos pela sociedade como seu referencial.

A ideia de representação social foi desenvolvida por Serge Moscovici (1925-2014), psicólogo social romeno radicado na França que ultrapassou a sua aplicação para além de sua prática psicanalítica, a fim de alcançar uma realidade mais ampla em todas as esferas do conhecimento. Por intermédio do seu conteúdo simbólico, as representações sociais podem construir a realidade.

Para que possamos entender, de maneira mais clara, o nosso saber e o nosso fazer com base no cotidiano, as representações sociais são expressão não somente da realidade, mas também trazem em si identidades, crenças e culturas que, de alguma maneira, formam um certo modo de viver.

No cotidiano, ocorrem trocas simbólicas por meio dos ambientes sociais e das relações interpessoais, o que influencia no conhecimento partilhado. É importante deixar claro que as representações sociais apresentam uma dinamicidade e que sua mudança ocorre no decorrer histórico da sociedade, devido às inúmeras possibilidades de a linguagem se adaptar aos tempos e à realidade social.

Moscovici (1978, p. 26-27) ajuda a esclarecer:

> No final das contas, ela produz e determina os comportamentos, pois define simultaneamente a natureza dos estímulos que nos cercam e nos provocam, e o significado das respostas a dar-lhes. Em poucas palavras, a representação social é uma modalidade de conhecimento particular que tem por função a elaboração de comportamentos e a comunicação entre indivíduos [...] elas possuem uma função constitutiva da realidade, da única realidade que conhecíamos por experiência e na qual a maioria das pessoas se movimenta [...] é alternativamente, o sinal e a reprodução de um objeto socialmente valorizado.

Para exemplificar o que falamos sobre as representações sociais, podemos recorrer à literatura para encontrar como os autores relatam os costumes de uma determinada cultura num dado momento do tempo. O que normalmente nós chamamos de *cultura, tradição, crenças* e *valores* são construídos com base nas representações sociais.

Guimarães Rosa, no seu livro *Sagarana* (1967), relata um conto chamado *Sarapalha*. O conteúdo do seu enredo é absolutamente simples: narra a situação de dois primos que amavam a mesma mulher. Os dois sofrem em silêncio porque, num dado momento, ela foge com um boiadeiro. O que realça a história é o silêncio dos dois homens sufocados pelo seu sentimento, um que não podia expor o que sentia pela esposa do primo, e o outro que se sentia envergonhado e, ao mesmo tempo, amargurado pelo sentimento de perda do amor de sua vida. O autor explora as representações sociais, sobretudo no início do século XX, onde a conduta moral dizia que é sinal de fraqueza um homem falar de seus sentimentos e expressar seus sofrimentos. Com essa dor, há também um agravante de honra: a vergonha diante dos outros por ter sido abandonado pela esposa, que fugiu com outro homem.

É por isso que "desde que ela se foi, não falaram mais seu nome. Nem uma vez. Era como se não tivesse existido" (Rosa, 1967, p. 125).

Então, algo inusitado acontece, Primo Ribeiro – o marido – quebra o sutil silêncio que envolvia os dois homens:

> — É isso, Primo Argemiro... Não adianta mais sojigar a ideia... Esta noite sonhei com ela, bonita como no dia do casamento... E, de madrugadinha, inda bem as garrixas ainda não tinham pegado a cochichar na beirada das telhas, tive notícias de que eu ia morrer... Agora mesmo, 'garrei a 'maginar: não é que a gente pelejou p'ra esquecer e não teve nenhum jeito?... Então resolvi achar melhor deixar a cabeça solta... E a cabeça solta pensa nela, Primo Argemiro... (Rosa, 1967, p. 125)

E diante da abertura, Primo Argemiro também revela seu sentimento que há muito o sufocava; essa ousadia põe fim a uma longa amizade entre os dois: "— Eu também gostei dela, primo. Mas respeitei sempre... respeitei o senhor... sua casa" (Rosa, 1967, p. 134).

Outro aspecto a se notar era a salvaguarda de um código de honra dada ao homem diante de uma traição; segundo esse código, o homem deveria lavar com o sangue a sua honra. Deveria matar o sedutor e a mulher que cometeu a traição.

Dessa forma, o autor vai trazendo à baila os costumes e a maneira de viver e de pensar de um povo e suas relações, bem como conflitos e tragédias causados pela forma de se seguir uma conduta com base em uma realidade que acontecia no sertão do Brasil no início do século XX.

Por meio desse exemplo, podemos notar que as representações sociais são construídas socialmente e ancoradas na situação real e concreta de quem as emite. Por isso, é fundamental fazer a análise do contexto, ou seja, conhecer as condições em que vivem as pessoas que participaram de uma pesquisa: onde estão situadas tanto economicamente quanto culturalmente e sua etnia.

E onde encontramos essas referências?

Nas mensagens expressas por palavras e gestos; na maneira como agem ou tomam suas decisões; nas práticas sociais que demonstram sua forma de crer e de vivenciar seus valores.

Isso se dá num primeiro momento. Em seguida, pode-se ampliar a visão: compreender o personagem como um ser histórico com base em sua família, onde cada um tem uma expectativa diferente, pois todos passam por dificuldades e conflitos e têm diferentes modos de entender a realidade.

Para sintetizar e deixar claro que as representações sociais são elaboradas por uma dinâmica do sujeito e de sua atividade de pensamento diante de algo (realidade) que está fora dele, essa relação sujeito-objeto se dá por meio de uma prática social e histórica expressa pela linguagem em todos os seus sentidos.

> As representações sociais são construídas socialmente e ancoradas na situação real e concreta de quem as emite. Por isso, é fundamental fazer a análise do contexto, ou seja, conhecer as condições em que vivem as pessoas que participaram de uma pesquisa.

Ao conceber, ou seja, ao fazer a representação desse objeto, o sujeito o assimila e o traz para o seu sistema de valores. Uma vez incorporado a esse sistema, começa a ser reproduzido e praticado pelo sujeito. Sendo assim, cada uma das formas de pensar e de conduta apresentam significados com base no contexto em que o sujeito está inserido.

Podemos dizer, ainda, que, quando faz parte da atividade humana, o objeto (realidade) que foi significado se torna uma réplica da ação do sujeito e, desde então, suas decisões e posições diante da realidade passam pelo filtro das representações. Desse modo, quando alguém fala, podemos captar sua filosofia de vida, entendida, nesse contexto, como sua concepção de mundo e a decorrente orientação para a ação. E isso acontece a todo momento, em cada prática do cotidiano.

Cabe aqui ressaltar a maneira como as representações sociais são construídas historicamente. Valores, língua, cultura e crenças são colocados desde o momento em que começamos a interpretar a realidade. Transmitidas com base no referencial de nossas famílias, tanto a escola quanto a religião se tornam parte de nossas ações sem nos darmos conta de sua ideologia. É como colocar trilhos para que possamos percorrer em segurança. Ao caminharmos por trilhos, sentimo-nos seguros, mas poucos conseguem sair dos trilhos para explorar a paisagem ao redor.

Saber decodificar por que alguém toma certas decisões, e não outras, e por que toma certas posições diante de alguma situação, remete-nos ao fio condutor no qual foi construída sua representação social. Isso permite ao pesquisador dar um toque a mais para superar ideologias e aparentes elaborações sociais que soam como *slogans*, mas que escondem algo mais profundo nas concepções de vida do entrevistado.

Como se formam as representações sociais?

Se são construídas historicamente e ancoradas na realidade, surgem de dois processos que ocorrem dialeticamente: a objetivação e a ancoragem.

A **objetivação** é a passagem da ideia, do conceito ou da opinião para algo concreto; é a materialização de um pensamento. Ao ser concretizado, cristaliza-se e constitui o núcleo central da representação. Por exemplo, ao acreditar num sistema de valor de que homem não chora, um menino o torna como verdade e, dessa forma, não irá falar de seus sentimentos, pois essa atitude representa sinal de fraqueza.

Da objetivação se forma um núcleo central, fundamentado na natureza do objeto e em um sistema de normas e valores sociais em que as representações sociais se cristalizam, se solidificam e se estabilizam por meio de mensagens homogêneas nas quais se vinculam ideias. O núcleo central é mediado por ações e resistente às mudanças.

Dessa forma, buscar as constituintes do núcleo central é o objeto de estudo das representações sociais. Conhecer o conteúdo de uma entrevista não é suficiente. Para ter relevância, é necessário observar como se organiza, qual sentido aquela mensagem tem para determinado sujeito com base em seu sistema de valores. Pode ter o mesmo sentido, mas não o mesmo significado. Por isso, a importância de se investigar as representações sociais e como elas determinam a forma de dar significado a um sujeito.

O segundo processo na formação das representações sociais é a **ancoragem**. Ela ocorre quando o objeto passa a ser representado no pensamento social, ocasionando as transformações históricas implícitas num processo. É a concretização do núcleo central. Ancorada na realidade diversa de cada indivíduo, este se apropria do sistema de valores de um grupo social determinado.

Ao realizar sua tarefa, a ancoragem apresenta algumas funções:

- torna-se compreensível e transmite o núcleo central, ancorado na realidade;
- orienta a tomada de decisão, observando a situação vivenciada;
- adapta as representações a uma nova realidade, incorporando novos elementos;
- protege o núcleo central e sua significação, absorvendo novas informações;
- elabora e organiza as representações com as vivências do sujeito.

Assim, as representações sociais formam-se por meio de um núcleo central caracterizado por sua rigidez, estabilidade e consensualidade. Sua função é manter o sistema de crenças e valores funcionando.

A ancoragem constitui o sistema periférico flexível, apto às transformações, que leva em conta as diferenças individuais. Sua função é fazer as adaptações necessárias de acordo com as transformações que ocorrem no meio social.

Seja pela análise de discurso, seja pela análise de conteúdo, seja pelas representações sociais, o tratamento de informações adquire maior qualidade e consistência na análise das respostas.

Nossa proposta foi apresentar como se formam as representações sociais, de forma resumida e em um panorama geral, podendo ser aprofundado principalmente pela pesquisa dos fundamentos teóricos e metodológicos desses conceitos. Certamente, essa visão mais aprofundada dos temas dará um respaldo maior para um melhor desenvolvimento e considerações sobre o material coletado na pesquisa.

7.5 Organizando nossa colcha de retalhos: estruturação do TCC

Anteriormente, conhecemos todas as partes da nossa colcha de retalhos. Agora, vamos pensar na pergunta: Como organizar meu TCC? O primeiro passo é juntar as partes para organizar a nossa colcha e pensar como fica a estrutura do nosso TCC.

Os TCCs são divididos em elementos pré-textuais, elementos textuais e elementos pós-textuais. Vamos explicar cada um deles; porém, ressaltamos que cada um tem normas que são elaboradas de acordo com o curso e com a instituição de ensino. Por isso, você deve consultar as normas de sua instituição. Além disso, deve ter em mente que, de modo geral, as instituições seguem as normas estabelecidas pela ABNT (Associação Brasileira de Normas Técnicas), as quais normatizam e orientam a organização dos trabalhos acadêmicos.

Vamos apontar os elementos obrigatórios.

Elementos pré-textuais

Nessa parte, devem ser organizados os seguintes elementos: capa; folha de rosto; folha de aprovação; dedicatória; agradecimentos; epígrafe; resumo em português; resumo em língua estrangeira; sumário; lista de ilustrações; lista de abreviaturas; lista de siglas.

Figura 7.1 – **Elementos do texto**

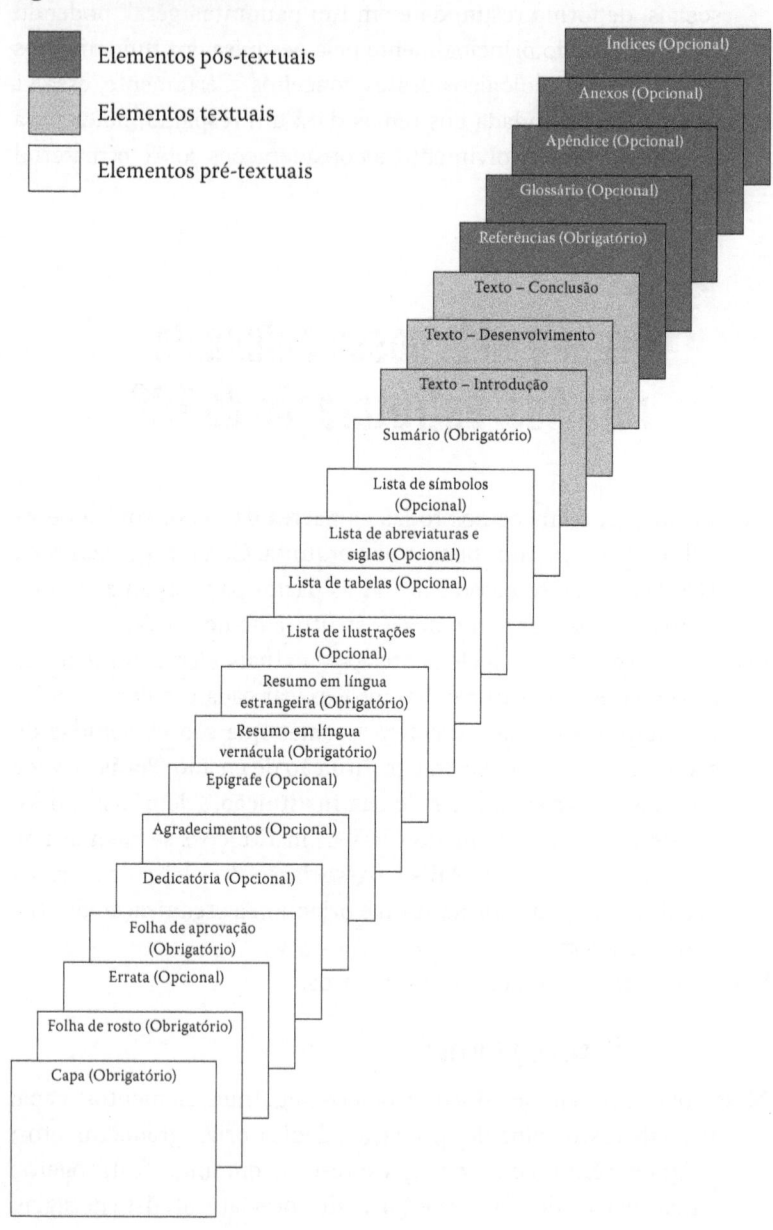

- Elementos pós-textuais
- Elementos textuais
- Elementos pré-textuais

- Índices (Opcional)
- Anexos (Opcional)
- Apêndice (Opcional)
- Glossário (Opcional)
- Referências (Obrigatório)
- Texto – Conclusão
- Texto – Desenvolvimento
- Texto – Introdução
- Sumário (Obrigatório)
- Lista de símbolos (Opcional)
- Lista de abreviaturas e siglas (Opcional)
- Lista de tabelas (Opcional)
- Lista de ilustrações (Opcional)
- Resumo em língua estrangeira (Obrigatório)
- Resumo em língua vernácula (Obrigatório)
- Epígrafe (Opcional)
- Agradecimentos (Opcional)
- Dedicatória (Opcional)
- Folha de aprovação (Obrigatório)
- Errata (Opcional)
- Folha de rosto (Obrigatório)
- Capa (Obrigatório)

As capas, os resumos e o sumário são elementos obrigatórios, que devem ser realizados conforme as normas da ABNT. Vamos nos ater ao resumo.

O resumo é um texto sintético, que deve apresentar, em poucas palavras, todo o trabalho na 3ª pessoa. Deve conter o título do trabalho e apresentar seu objetivo, sua estrutura teórica, metodologia e conclusões, utilizando de 150 a 500 palavras. Ao final, devem ser apresentadas de 3 a 5 palavras-chaves, que são cruciais no seu trabalho.

As palavras-chave são importantes para a compreensão do objeto da pesquisa.

Elementos textuais

Nessa etapa, você deve organizar a sua introdução. Não há um número de laudas correto, mas o ideal é não passar de 10 laudas. Você deve organizar os elementos do seu projeto de pesquisa em forma de texto, sem divisão de tópicos. Para isso, procure dar coesão a estes elementos:

1. situar o local onde ocorreu a pesquisa, geralmente o campo de estágio: "A idealização da temática surgiu a partir da experiência vivenciada no campo de estágio curricular obrigatório, no setor de Serviço Social da Fundação Pró-Renal Brasil, no período de março de 2014 até o momento" (Correa, 2015, p. 7);
2. contextualizar a pesquisa, discorrendo sobre o campo, ou o fenômeno, até iniciar a problematização;
3. problematizar a pesquisa, de forma que o texto possa apresentar o problema da pesquisa em forma de pergunta;
4. elaborar de 3 a 5 questões norteadoras, não perdendo de vista o problema da pesquisa. Ao longo do trabalho, os conteúdos devem contemplar as respostas a essas questões;
5. apresentar o objetivo geral e os objetivos específicos. O objetivo geral inicia com verbo no infinitivo e deve estar em consonância com o problema de pesquisa;
6. apresentar a justificativa da proposta;

7. exibir a metodologia da pesquisa, contemplando universo, amostra, tipo de pesquisa, bem como as técnicas de coleta e de análise de dados que serão utilizadas;
8. no final, apresentar, de forma breve, os capítulos.

Observe que esses elementos constituem a organização do projeto de pesquisa na introdução, que é a apresentação do trabalho, de modo a criar um texto coeso. Em seguida, são organizados os capítulos.

Como organizar os capítulos do TCC

Os capítulos constituem os temas que serão discutidos com base no problema da pesquisa e nos objetivos. Esse referencial deve iniciar do mais geral para o mais específico. Por exemplo, vamos pensar em um trabalho que tem como objetivo: **Analisar o trabalho do assistente social no Hospital Psiquiátrico X**.
Com base nesse objetivo, qual poderá ser a análise do(a) estudante?

> Capítulo 1 – A história da saúde no Brasil
> A reforma sanitária
> A saúde mental no Brasil
> Capítulo 2 – O assistente social na contemporaneidade
> O trabalho do assistente social no hospital psiquiátrico
> O trabalho do assistente social no hospital X
> Capítulo 3 – Análise de dados

No início dessa seção, pode ser realizada tanto a apresentação da instituição quanto o perfil do grupo ou dos entrevistados, de acordo com a escolha das técnicas de coleta de dados.

Os capítulos poderão ser divididos em subcapítulos, com, aproximadamente, o mesmo número de laudas. O trabalho deve ter, no mínimo, 60 páginas. Os capítulos devem discorrer sobre o tema em linguagem formal e com referencial teórico, histórico e crítico.

7.6 Uma breve reflexão sobre a apresentação de TCC nas bancas

Você já escreveu todo o seu trabalho e precisa apresentá-lo para uma banca. Sente nervosismo e "frio na barriga". Muitos(as) estudantes relatam que sentem muita tensão em apresentações. No entanto, essa é uma fase importante do trabalho, em que você vai submeter à comunidade científica o fruto não apenas do seu TCC, mas do conhecimento adquirido durante o curso. Você escreveu o seu trabalho e o conhece mais do que ninguém. Mas é importante que fique atento às seguintes recomendações, decorrentes de uma grande experiência de bancas:

- o tempo é curto e tem de ser bem calculado para não ultrapassá-lo. É comum que o nervosismo o leve a apresentar o trabalho de forma mais rápida do que deveria. Assim, organize uma apresentação com os principais elementos: capa, com o título do trabalho e seu nome e do(a) orientador(a), onde o trabalho foi realizado e em que período, problema de pesquisa, questões norteadoras, objetivo geral, objetivos específicos, explanação (breve) do que foi apresentado em cada capítulo, metodologia (com amostra, universo, técnicas de coleta de dados, análise de dados, categorias), conclusões e proposições;
- use linguagem formal e apresente dados com segurança, mostrando seu conhecimento acerca do tema;
- treine sua apresentação e reveja se os objetivos e as questões primordiais foram respondidos;
- revise seu texto, pois erros ortográficos e de concordância são pontos negativos na avaliação;
- peça para seu(sua) orientador(a) olhar sua apresentação antes de fazer a exposição;
- cuide com repetições na fala (*enfim, e, então*) e outros vícios de linguagem;

- procure ficar de frente para o público, sem estar posicionado na frente da apresentação. Olhe para toda a plateia; alguns(algumas) estudantes ficam encarando apenas um professor, o que causa desinteresse nos demais;
- lembre-se sempre de que o trabalho foi escrito por você e ninguém conhece seu texto melhor do que você! Estude e apresente com segurança!

Considerações finais

Essa parte do texto consiste no resumo geral do que foi apresentado durante o TCC, assim como nas proposições que o estudante pode inferir em decorrência do trabalho. O texto deve iniciar mostrando o que se pretendia investigar e o caminho percorrido, assim como apresentar, em forma de um resumo geral, qual era o problema e os objetivos e, também, o que foi apresentado em cada capítulo.

Em seguida, deve-se apresentar as respostas encontradas, os desafios ou as constatações, além de questionamentos. Lembre-se de que sua linguagem deve ser formal e você deve apresentar ponderações que sejam construídas com base em referenciais teóricos, para não banalizar sua pesquisa.

Para finalizar essa seção, você deve comentar qual foi seu aprendizado e quais propostas você deixa. Esse é o momento de mostrar a riqueza da pesquisa. Escreva, no mínimo, cinco laudas e faça, no máximo, uma citação, que pode ser uma frase de fechamento baseada em literatura.

Sabemos que o cansaço ao final do trabalho é grande, mas não deixe que ele atrapalhe o brilho de tudo o que você produziu. É nesse momento que você se coloca em sua totalidade no seu trabalho. Mãos à obra!!

Síntese

Estando com o resultado da pesquisa, seja por questionário, seja por entrevista, as questões serão: "Como devem ser tratadas as informações? Como tirar melhor proveito para uma análise mais consistente e de acordo com os objetivos da pesquisa?".

Apresentamos a análise de discurso, que avalia o significado que pode ser interpretado daquilo que o entrevistado relata. Já a análise de conteúdo, por meio de uma dinâmica de análise formal do texto, de sua colocação e de estrutura linguística, pode ser uma importante ferramenta na construção de um TCC.

As representações sociais constituem uma colaboração da psicologia de Moscovici e nos auxiliarão a entender os valores, as crenças ou as representações simbólicas feitas pelo sujeito e que deverão ser consideradas na análise das respostas. Ao observar a história e o contexto mais amplo do sujeito, entendemos sua forma de pensar o mundo e como ele toma decisões.

Por fim, encerramos o capítulo com orientações práticas sobre como organizar o TCC e, também, como fazer a respectiva apresentação.

Para saber mais

Procure TCCs de Serviço Social e leia-os, buscando todos os elementos citados, destacando a pesquisa, se a forma de coleta de dados foi explicitada, como foi a análise de dados e as considerações finais.

Questões para revisão

1. De acordo com o que foi visto neste capítulo, um texto:

    a) apresenta palavras escritas aleatoriamente.
    b) depende da inspiração de quem escreve.
    c) é um conjunto coeso de palavras que formam frases e parágrafos.
    d) é um conjunto de palavras.
    e) pode ser usado com base na necessidade do autor.

2. Avalie a frase "A comunicação e a linguagem são como um quebra-cabeça que deve ser montado".

Com base no exposto, assinale a alternativa correta:

a) É um emaranhado indecifrável.
b) Não tem um significado que podemos interpretar.
c) O que dá sentido é a forma como elaboramos o texto.
d) Palavras bonitas que devem ser encaixadas no texto.
e) Nenhuma das respostas anteriores está correta.

3. Consiste no estudo do objeto em si, presente em um texto, documento, fala ou vídeo:

a) Entrevista.
b) Questionário.
c) Análise de discurso.
d) Crítica.
e) Análise de conteúdo.

4. Segundo o seu entendimento sobre o exposto neste capítulo, como a análise do discurso ajuda na compreensão das construções ideológicas presentes em um texto?

5. Comente a seguinte ideia: "As representações sociais são um modo de compreender o que nos escapa da análise do discurso e de conteúdo".

Questão para reflexão

1. Escolha um artigo de opinião publicado em uma revista, uma entrevista, uma notícia ou uma charge publicada em um jornal. Leia atentamente o material, buscando fazer a análise do discurso do texto que selecionou. Lembre-se de que, para realizar a análise do discurso, você deve ir além das palavras. Pense no significado, escreva e, em seguida, utilize conteúdo teórico para fundamentar sua resposta.

Considerações finais

Ao elaborar essa publicação, nossa proposta foi de mostrar não somente a importância da dedicação na construção de um trabalho de conclusão de curso (TCC), como também a rica e prazerosa experiência que esse processo deixa ao estudante.

Não obstante uma "cultura acadêmica" que mostra o quão trabalhoso e árduo é a sua construção, dedicamo-nos a mostrar um caminho que deixa marcas profundas de conhecimento e contato com a realidade.

Dessa forma, ensaiamos alguns passos iniciais por meio de alguns teóricos que nos apresentam suas perspectivas e nos convidam a um interesse maior pela pesquisa. Buscar a construção de uma síntese do conteúdo apreendido durante o processo de formação acadêmica para uma avaliação final é o objetivo do TCC, que, como vimos, poderá ser uma oportunidade de abrir novos horizontes ao estudante que percorre esse caminho.

Enfim, ao final da publicação, esperamos que você compreenda os elementos do TCC e sua organização, tornando sua pesquisa mais rica. Porém, quisemos também pensar na escrita e na linguagem, bem como na relação dialógica apresentada no TCC: várias vozes que dialogam, possibilitando uma interlocução com essas vozes.

A ética na pesquisa é fundamental para a compreensão de que toda voz utilizada em um trabalho científico tem nome, e a nossa construção científica é organizada com base nessas vozes, para a viabilização da produção teórica da profissão.

A pesquisa de campo é o nosso contato com a realidade e deve ser pensada passo a passo, para que possa ser coerente com os objetivos propostos. Porém, essa é a parte da pesquisa que, geralmente, os(as) estudantes têm maiores dificuldades de realizar, seja pelo tempo exíguo, seja pela falta de entendimento sobre os instrumentos de coleta e/ou a análise de dados.

Assim, esperamos que este trabalho traga subsídios para melhorar o TCC em todos os seus aspectos: na escrita ou na pesquisa.

Referências

ABESS – Associação Brasileira de Ensino em Serviço Social; CEDEPSS – Centro de Educação e Pesquisa em Políticas Sociais. Diretrizes gerais para o Curso de Serviço Social (com base no currículo mínimo aprovado em Assembleia Geral Extraordinária de 8 nov. 1996). **Cadernos ABESS**, n. 7, 1997.

ALVES, R. Filosofia da ciência: Introdução ao jogo e a suas regras. São Paulo: Loyola, 2000.

_____. **Limites e possibilidades do serviço de convivência e fortalecimento de vínculos com idosos no Cras Norte em Pinhais**. 63 f. Trabalho de conclusão de curso (Bacharelado em Serviço Social) – Centro Universitário Autônomo do Brasil (Unibrasil), Curitiba, 2016.

ANDOLFATO, F. G. R. **Um mergulho na realidade**: a atuação do assistente social na captação de recursos no âmbito do terceiro setor. 94 f. Trabalho de conclusão de curso (Bacharelado em Serviço Social) – Centro Universitário Autônomo do Brasil (Unibrasil), Curitiba, 2016.

ANDRADE, C. D. de. **Alguma poesia**. Rio de Janeiro: Record, 2002.
ARRETCHE, M. T. S. Tendências no estudo sobre avaliação. In: RICO, E. M. (Org.). **Avaliação de políticas sociais**: uma questão em debate. 5. ed. São Paulo: Cortez; IEE, 2007.
BAKHTIN, M. **Estética da criação verbal**. Tradução de Maria Ermantina Galvão G. Pereira. São Paulo: M. Fontes, 1997.
BAKHTIN, M. **Marxismo e filosofia da linguagem**. 12. ed. São Paulo: Hucitec, 2006.
_____. **Problemas da poética de Dostoievski**. Tradução de Paulo Bezerra. 5. ed. Rio de Janeiro: Forense Universitária, 2013.
BAPTISTA, M. V. **Planejamento social**: intencionalidade e instrumentação. São Paulo: Veras, 2000.
BARBETTA, P. A. **Estatística aplicada às ciências sociais**. 4. ed. Florianópolis: Ed. da UFSC, 2001.
BARBOUR, R. **Grupos focais**. Tradução de Marcelo Figueiredo Duarte. Porto Alegre: Artmed; Bookman, 2009. (Coleção Pesquisa Qualitativa).
BARDIN, L. **Análise de conteúdo**. Tradução de Luís Antero Reto e Augusto Pinheiro. São Paulo: Edições 70, 2011.
BARREIRA, M. C. N. R. **Avaliação participativa de programas sociais**. São Paulo: Veras, 2002.
BARROCO, M. L. S. Ética: fundamentos sócio-históricos. São Paulo: Cortez, 2008. (Biblioteca Básica de Serviço Social, v. 4).
BARTHES, R. **Aula inaugural da cadeira de Semiologia Literária do Colégio de França**. Tradução e posfácio de Leyla Perrone-Moisés. São Paulo: Cultrix, 1977. Disponível em: <https://edisciplinas.usp.br/pluginfile.php/160637/mod_resource/content/1/BARTHES_Roland_-_Aula.pdf>. Acesso em: 2 jun. 2019.
BEHRING, E.; BOSCHETTI, I. **Política social**: fundamentos e história. São Paulo: Cortez, 2006.
BENJAMIN, A. **A entrevista de ajuda**. Tradução de Urias Corrêa Arantes. São Paulo: Martins Fontes, 2004.
BIZ, E. R. **Um estudo sobre os desafios do trabalho intersetorial a partir da experiência do projeto Família Curitibana**. 83 f. Trabalho de conclusão de curso (Bacharelado em Serviço

Social) – Centro Universitário Autônomo do Brasil (Unibrasil), Curitiba, 2012.

BOURGUIGNON, J. A. A centralidade ocupada pelos sujeitos que participam das pesquisas do Serviço Social. **Textos & Contextos**, Porto Alegre, v. 7, n. 2, p. 302-312, jul./dez. 2008. Disponível em: <http://www.redalyc.org/articulo.oa?id=321527163009>. Acesso em: 2 jun. 2019.

BRASIL. Lei n. 8.662, de 7 de junho de 1993. **Diário Oficial da União**, Poder Legislativo, Brasília, DF, 8 jul. 1993. Disponível em: <http://www.planalto.gov.br/ccivil_03/LEI/L8662.htm>. Acesso em: 20 nov. 2019.

CARROLL, L. **Alice no país das maravilhas**. Tradução de Rosaura Eichenberg. São Paulo: L&PM, 1998.

COMTE, A. **Catecismo positivista**. Tradução de José Arthur Giannotti e Miguel Lemos. São Paulo: Abril Cultural, 1978. p. 267-632. v. X. (Coleção Os Pensadores).

CFESS – Conselho Federal de Serviço Social. **Código de ética do/a assistente social**: Lei 8.662/93 de regulamentação da profissão. Brasília, 2003.

CHIZZOTTI, A. **Pesquisa qualitativa em ciências humanas e sociais**. 3. ed. Petrópolis: Vozes, 2010.

CORREA, F. de O. R. **Um estudo sobre as relações sociais concretas do cuidador familiar 2015**. 83 f. Trabalho de Conclusão de Curso. Centro Universitário Autônomo do Brasil (UNIBRASIL). Curitiba, 2015.

CORRÊA, G. T.; RIBEIRO, V. M. B. Dialogando com Bakhtin: algumas contribuições para a compreensão das interações verbais no campo da saúde. **Interface –Comunicação, Saúde, Educação**, v. 16, n. 41, p. 331-342, abr./jun. 2012. Disponível em: <http://www.scielo.br/pdf/icse/v16n41/aop2312.pdf>. Acesso em: 20 nov. 2019.

COSTA, M. J. S. **Um estudo acerca do suicídio como um problema de saúde pública no município de Curitiba**. 99 f. Trabalho de conclusão de curso (Bacharelado em Serviço Social) – Centro Universitário Autônomo do Brasil (Unibrasil), Curitiba, 2016.

CRESWELL, J. W. **Projeto de pesquisa**: métodos qualitativo, quantitativo e misto. Tradução de Luciana de Oliveira da Rocha. 2. ed. Porto Alegre: Artmed, 2007.

CRESWELL, J. W.; CLARK, V. L. P. **Pesquisa de métodos mistos**. Tradução de Magda França Lopes. São Paulo: Penso, 2015. (Série Métodos de Pesquisa).

CUNHA, F. **Marx, Durkheim e Weber**: Clássicos da Sociologia (documentário). Publicado em: 20 jun. 2013. Disponível em: <https://www.youtube.com/watch?v=eQzR7PuWvcU&t=2608s>. Acesso em: 8 jun. 2019.

DIANA, D. Conectivos. **Toda matéria**, 2019. Disponível em: <https://www.todamateria.com.br/conectivos/>. Acesso em: 22 nov. 2019.

DIAS, C. M. N. P. A sociologia como ciência em Durkheim. **Revista Praia Vermelha**, Rio de Janeiro, n. 13, p. 174-205, 2005.

DURKHEIM, E. **As regras do método sociológico**. Tradução de Paulo Neves. São Paulo: M. Fontes, 1995. (Coleção Tópicos).

_____. Objeto e método. In: FERNANDES, F. (Coord.). Émile Durkheim. **Sociologia**. Tradução de Laura Natal Rodrigues. 9. ed. São Paulo: Ática, 2004. (Coleção Grandes Cientistas Sociais, v. 1).

FARACO, C. A.; TEZZA, C. **Prática de texto para estudantes universitários**. Petrópolis: Vozes, 2005.

FERRAZ, A. P. do C. M.; BELHOT, R. V. Taxonomia de Bloom: revisão teórica e apresentação das adequações do instrumento para definição de objetivos instrucionais. **Gestão & Produção**, São Carlos, v. 17, n. 2, p. 421-431, 2010. Disponível em <http://www.scielo.br/pdf/gp/v17n2/a15v17n2.pdf>. Acesso em: 2 jun. 2019.

FIORIN, J. L. **Introdução ao pensamento de Bakhtin**. São Paulo: Ática, 2006.

_____. _____. 2. ed. São Paulo: Contexto, 2016.

GAARDER, J. **O mundo de Sofia**: romance da história da filosofia. Tradução de João Azenha Jr. São Paulo: Companhia das Letras,1995.

GIBBS, G. **Análise de dados qualitativos**. Tradução de Roberto Cataldo Costa. Porto Alegre: Artmed, 2009. (Coleção Pesquisa Qualitativa).

GIL, A. C. **Métodos e técnicas de pesquisa social**. São Paulo: Atlas, 1987.

_____. _____. 6. ed. São Paulo: Atlas, 2008.

GODOY, A. S. Introdução à pesquisa qualitativa e suas possibilidades. **RAE – Revista de Administração de Empresas**, São Paulo, v. 35, n. 2, p. 57-63, mar./abr. 1995. Disponível em: <http://www.scielo.br/pdf/rae/v35n2/a08v35n2.pdf>. Acesso em: 20 nov. 2019.

GONÇALVES, A. T. P. **Análise de conteúdo, análise do discurso e análise de conversação**: estudo preliminar sobre diferenças conceituais e teórico-metodológicas. Administração: Ensino e Pesquisa, Rio de Janeiro, v. 17, n. 2, p. 275-300, maio/ago. 2016. Disponível em: <https://raep.emnuvens.com.br/raep/article/download/323/pdf_1>. Acesso em: 22 nov. 2019.

GUEDES, O. de S. et al. Reflexões sobre uma das tendências à reatualização do conservadorismo no Serviço Social brasileiro. In: SEMINÁRIO NACIONAL ESTADO E POLÍTICAS SOCIAIS NO BRASIL, 2., 2005, Cascavel. **Anais...** Disponível em: <http://cac-php.unioeste.br/projetos/gpps/midia/seminario2/trabalhos/servico_social/MSS33.pdf>. Acesso em: 20 nov. 2019.

GUERRA, Y. A dimensão investigativa no exercício profissional. In: CFESS – Conselho Federal de Serviço Social; ABEPSS – Associação Brasileira de Ensino e Pesquisa em Serviço Social. **Serviço social**: direitos sociais e competências profissionais. Brasília, 2009. p. 701-718.

_____. O conhecimento crítico na reconstrução das demandas profissionais contemporâneas. In: BAPTISTA, M. V.; BATTINI, O. (Org.). **A prática profissional do assistente social**: teoria, ação, construção de conhecimento. São Paulo: Veras, 2009. p. 79-106.

HOLZER, W. **A geografia humanista**: sua trajetória 1950-1990. Londrina: Eduel, 2016.

HOUAISS, A.; VILLAR, M. de S.; FRANCO, F. M. de M. Dicionário Houaiss da língua portuguesa. versão 1.0. Rio de Janeiro: Instituto Antônio Houaiss; Objetiva, 2001. 1 CD-ROM.

JOBIM, T.; MENDONÇA, N. **Samba de uma nota só**. Tom Jobim. 1960. 1 CD.

KAHLMEYER-MERTENS, R. S. et al. **Como elaborar projetos de pesquisa**: linguagem e método. Rio de Janeiro: Ed. da FGV, 2007.

KUHN, T. S. **Estrutura das revoluções científicas**. Tradução Beatriz Vianna Boeira e Nelson Boeira. 2. ed. São Paulo: Perspectiva, 1987. (Coleção Debates).

LAKATOS, E. M.; MARCONI, M. A. **Técnicas de pesquisa**: planejamento e execução de pesquisas, amostragens e técnicas de pesquisas, elaboração, análise e interpretação de dados. 4. ed. São Paulo: Atlas, 1985.

LEWGOY, A. M. B. Estágio supervisionado, formação e exercício profissional em Serviço Social: desafios e estratégias para a defesa e consolidação do projeto ético-político. **Temporalis**, Brasília-DF, v. 9, p. 21-38, 2009.

_____. **Supervisão de estágio em Serviço Social**: desafios para a formação e o exercício profissional. 2. ed. São Paulo: Cortez, 2010.

LIMA, R. H. de. **Os desafios apresentados pelos municípios do Paraná que estão em Plano de Providências 2012, nos processos de adesão à gestão do SUAS**. 121 f. Trabalho de conclusão de curso (Bacharelado em Serviço Social) – Centro Universitário Autônomo do Brasil (Unibrasil), Curitiba, 2013.

LÖWY, M. **As aventuras de Karl Marx contra o barão de Münchhausen**: marxismo e positivismo na sociologia do conhecimento. Tradução de Juarez Guimarães e Felicie Léwy. 4. ed. São Paulo: Busca Vida, 1990.

_____. _____. Tradução de Juarez Guimarães e Felicie Léwy. 9. ed. São Paulo: Busca Vida, 2009.

MACHADO, A. M. A relação entre autoria e a orientação no processo de elaboração de teses e dissertações. In: BIANCHETTI, L.; MACHADO, A. M. N. (Org.). **A bússola do escrever**: desafios e estratégias na orientação de teses e dissertações. Florianópolis: Ed. da UFSC; São Paulo: Cortez, 2002. p. 45-66.

MACHADO, E. M. Questão social: objeto do serviço social? **Serviço Social em Revista**, Londrina, v. 2, n. 1, p. 39-47, jul./dez. 1999. Disponível em: <http://www.uel.br/revistas/ssrevista/c_v2n1_quest.htm>. Acesso em: 20 nov. 2019.

MACHADO, T. S. **O trabalho do profissional de Serviço Social no acesso aos direitos do usuário surdo do Centro de Referência da Assistência Social Região Leste – Pinhais. 89 f. Trabalho de conclusão de curso (Bacharelado em Serviço Social) – Centro Universitário Autônomo do Brasil (Unibrasil), Curitiba, 2016.

MAFALDA. **Tira 1**. Disponível em: <http://mafalda-portugues.blogspot.com/2010/03/analise-da-charge-no-tocante-ao.html>. Acesso em: 25 jul. 2019.

MAINGUENEAU, D. **Novas tendências em análise do discurso**. Tradução de Freda Indursky. 3. ed. Campinas: Pontes; Ed. da Unicamp, 1997.

MARCONI, M. A.; LAKATOS, E. M. **Metodologia do trabalho científico**: projetos de pesquisa/pesquisa bibliográfica/teses de doutorado, dissertações de mestrado, trabalhos de conclusão de curso. 8. ed. São Paulo: Atlas, 2017.

MARTINELLI, M. L. (Org.). **Pesquisa qualitativa**: um instigante desafio. São Paulo: Veras, 1999.

MENDES, J. M. R.; DESAULNIERS, J. B. R. (Org.). **Textos & contextos**: perspectivas da produção do conhecimento em Serviço Social. Porto Alegre: EdiPUCRS, 2002

MÉTODO. **Dicionário Online de Filosofia**. Disponível em: <https://sites.google.com/view/sbgdicionariodefilosofia/m%C3%A9todo>. Acesso em: 8 jun. 2019.

MÉTODOS mistos. Disponível em: <https://metodosmistos.weebly.com/estrateacutegias.html>. Acesso em: 8 jun. 2019.

MINAYO, M. C. de S. (Org.). **Pesquisa social**: teoria, método e criatividade. 18. ed. Petrópolis: Vozes, 2001.

_____. _____. 25. ed. Petrópolis: Vozes, 2007.

MOREIRA, H.; CALEFFE, L. G. **Metodologia da pesquisa para o professor pesquisador**. 2. ed. Rio de Janeiro: DP&A; Lamparina, 2008.

MOSCOVICI, S. **A representação social da psicanálise**. Tradução de Álvares Cabral. Rio de Janeiro: Zahar, 1978.

MUZI, R. T. **A pedra fundamental**: trajetória histórica do Serviço Social na Companhia de Habitação Popular – COHAB Curitiba (1972-2010). 74 f. Trabalho de conclusão de curso (Bacharelado em Serviço Social) – Centro Universitário Autônomo do Brasil (Unibrasil), Curitiba, 2010.

NASCIMENTO, M. **Caçador de mim**. Milton Nascimento. 1981. 1 CD.

NETTO, J. P. **Ditadura e serviço social**: uma análise do Serviço Social no Brasil pós-64. São Paulo: Cortez, 1991.

_____. **Introdução ao estudo do método de Marx**. São Paulo: Expressão Popular, 2011.

NETTO, J. P. **Marxismo impenitente**: contribuição à história das ideias marxistas. São Paulo: Cortez, 2004.

_____. Transformações societárias e Serviço Social: notas para uma análise prospectiva da profissão no Brasil. **Serviço Social e Sociedade**, São Paulo, v. 50, p. 87-132, 1996.

OLIVEIRA, K. de. Diferença entre língua e linguagem. **Brasil Escola**. Disponível em: <https://brasilescola.uol.com.br/portugues/diferenca-entre-lingua-linguagem.htm>. Acesso em: 22 nov. 2019.

OLIVEIRA, P. de S. (Org.). **Metodologia das ciências humanas**. São Paulo: Unesp; Hucitec, 1998.

PERROTTI, E. M. B. **Superdicas para escrever bem diferentes tipos de texto**. 2. ed. São Paulo: Saraiva, 2009.

PESSOA, F. O guardador de rebanhos. In: **Poemas de Alberto Caeiro**. Lisboa: Ática, 1946.

PORTO, G. **Análise do discurso**. Disponível em: <https://www.infoescola.com/linguistica/analise-do-discurso/>. Acesso em: 17 set. 2019.

PRATES, J. C. O método marxiano de investigação e o enfoque misto na pesquisa social; uma relação necessária. **Textos & Contextos**, Porto Alegre, v. 11, n. 1, p. 116-128, jan./jul. 2012. Disponível em: <http://repositorio.pucrs.br/dspace/bitstream/10923/7985/2/O_metodo_marxiano_de_investigacao_e_o_enfoque_misto_na_pesquisa_social_uma_relacao_necessaria.pdf>. Acesso em: 20 nov. 2019.

_____. **Possibilidades de mediação entre a teoria marxiana e o trabalho do assistente social**. Tese (Doutorado em Serviço Social) – Pontifícia Universidade Católica do Rio Grande do Sul, Porto Alegre, 2003.

PREFEITURA Municipal De Curitiba; GETS – Grupo de Estudos do Terceiro Setor; United Way of Canada – Centraide Canada. **Modelo colaborativo**: experiência e aprendizados do desenvolvimento comunitário em Curitiba. Curitiba: Imap, 2002.

RECHDAN, M. L. de A. Dialogismo ou polifonia? **Revista Ciências Humanas**, Taubaté, v. 9, n. 1, p. 1-9, 2003. Disponível em: <https://www.ufrgs.br/soft-livre-edu/polifonia/files/2009/11/dialogismo-N1-2003.pdf>. Acesso em: 20 nov. 2019.

RICHARDSON, R. J. et al. **Pesquisa social**: métodos e técnicas. São Paulo: Atlas, 1985.

_____. _____. 3. ed. São Paulo: Atlas, 2012.

ROCHA, M. C. M. **A rede de saúde mental como acesso à garantia de direitos**. 79 f. Trabalho de conclusão de curso (Bacharelado em Serviço Social) – Centro Universitário Autônomo do Brasil (Unibrasil), Curitiba, 2017.

ROSA, J. G. **Grande sertão**: veredas. Nova Aguilar, 1994.

_____. **Sagarana**. 8. ed. Rio de Janeiro: J. Olympio, 1967.

SANTOS, I. B. dos. **O trabalho do assistente social na gestão da vigilância socioassistencial**. 75 f. Trabalho de conclusão de curso (Bacharelado em Serviço Social) – Centro Universitário Autônomo do Brasil (Unibrasil), Curitiba, 2017.

SANTOS, N. P. dos. **Famílias monoparentais masculinas e sua visão sobre o acesso à política de assistência social no centro de referência de assistência social – Cras Guarituba – em Piraquara/PR**. 103 f. Trabalho de conclusão de curso (Bacharelado em Serviço Social) – Centro Universitário Autônomo do Brasil (Unibrasil), Curitiba, 2016.

SÁ-SILVA, J. R.; ALMEIDA, C. D. de; GUINDANI, J. F. Pesquisa documental: pistas teóricas e metodológicas. **Revista Brasileira de História & Ciências Sociais**, v. 1, n. 1, jul. 2009. Disponível em: <https://www.rbhcs.com/rbhcs/article/view/6/pdf>. Acesso em: 20 nov. 2019.

SETUBAL, A. A. **Pesquisa em Serviço Social**: utopia e realidade. 5. ed. São Paulo: Cortez, 2013.

SEVERINO, A. J. **Metodologia do trabalho científico**. 6. ed. São Paulo: Cortez, 2017.

____. ____. 23. ed. São Paulo: Cortez, 2010.

SGARBIEIRO, M.; BOURGUIGNON, J. A. Apontamentos acerca dos métodos de pesquisa nas ciências sociais. **Emancipação**, Ponta Grossa, v. 11, n. 1, p. 9-19, 2011. Disponível em: <https://www.revistas2.uepg.br/index.php/emancipacao/article/view/769/2348>. Acesso em: 20 nov. 2019.

SILVA, M. O. da S. e. **O serviço social e o popular**: resgate teórico metodológico do Projeto Profissional de Ruptura. 7. ed. São Paulo: Cortez, 2011.

TOZONI-REIS, M. F. de C. **Metodologia da pesquisa**. 2. ed. Curitiba: Iesde, 2009.

TREVIZAN, Z. **Poesia e ensino**: antologia comentada. 2. ed. São Paulo: Arte & Ciência, 1995.

TRIVIÑOS, A. N. S. **Introdução à pesquisa em ciências sociais**: a pesquisa qualitativa em educação. São Paulo: Atlas, 1987.

____. ____. São Paulo: Atlas, 1995.

VALENÇA, A.; RAMALHO, Z. **Admirável gado novo**. Zé Ramalho. 1979. 1 CD.

VANDRÉ, G. **Pra não dizer que não falei das flores**. Geraldo Vandré. 1968. 1 CD.

VIEIRA, B. O. **Serviço social**: processos e técnicas. 5. ed. Rio de Janeiro: Agir, 1981.

WEBER, M. **A "objetividade" do conhecimento nas ciências sociais**. Tradução de Gabriel Cohn. São Paulo: Ática, 2011.

YIN, R. K. **Estudo de caso**: planejamento e métodos. Tradução de Daniel Grassi. 4. ed. Porto Alegre: Bookman, 2010.

ZILBERMAN, R. **Teoria da literatura I**. 2. ed. Curitiba: Iesde, 2012.

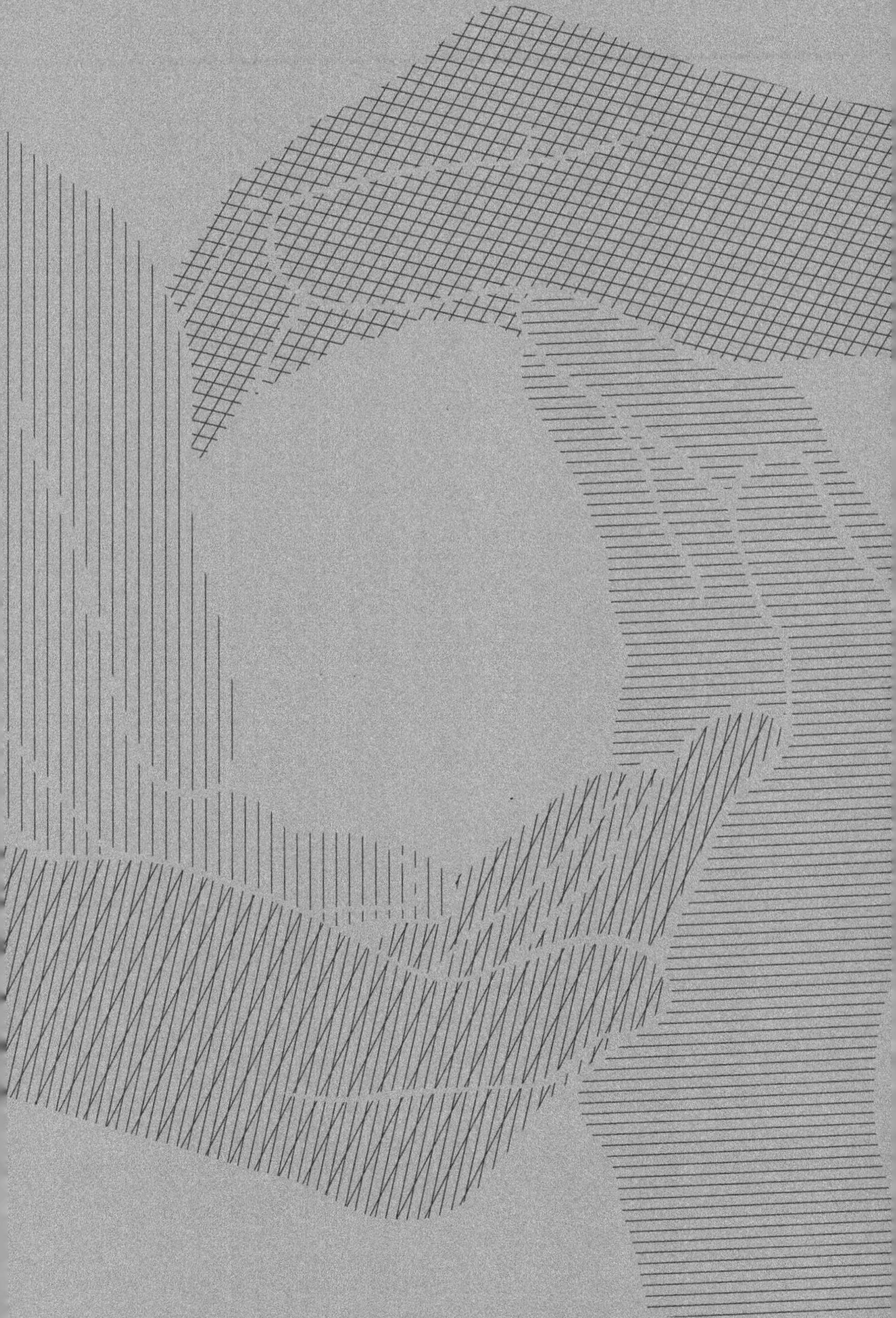

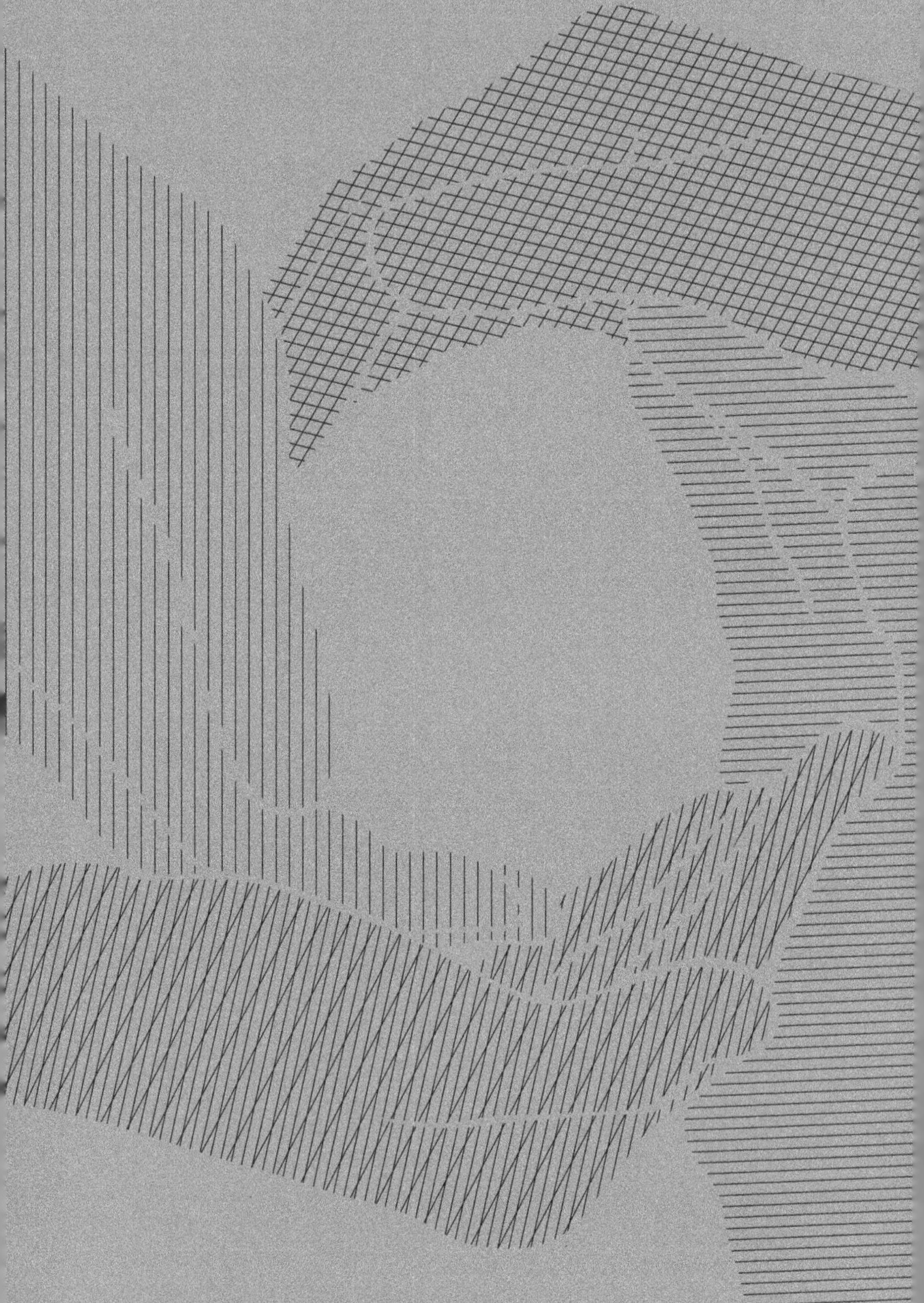

Respostas

Capítulo 1

Questões para revisão

1. e
2. e
3. c
4. Aproximar os conceitos e as ideias que os pesquisadores desenvolveram sobre a pesquisa a ser realizada e permitir uma maior proximidade com o universo do objeto de estudo.
5. O TCC é parte importante do processo de formação teórica e investigativa do aluno porque avalia a capacidade de síntese dos conteúdos, elaborada pelo aluno na sua formação acadêmica; compõe a avaliação final do processo de formação acadêmica; dá uma base teórica para que, ao iniciar os estágios, o aluno fundamente a elaboração de um projeto de pesquisa;

incentiva e estimula o processo de investigação, que acompanhará também a atividade profissional.

Capítulo 2

Questões para revisão

1. c
2. b
3. b
4. O diálogo é um modo de auxílio psicossocial, tido como agente de transformação social; Netto (1996) destaca a falta de relação entre os autores representativos da vertente de reatualização do conservadorismo e as fontes originais da fenomenologia.
5. Para ter uma visão global da dinâmica social concreta.

Capítulo 3

Questões para revisão

1. O livro se constrói com base em vozes, discussões e diálogos, devendo ser lido de maneira ativa.
2. a
3. A presença de múltiplas vozes ou de múltiplos pontos de vista de vozes autônomas.
4. d
5. a

Capítulo 4

Questões para revisão

1. a
2. c

3. d

4. Os objetivos iniciam com verbo no infinitivo; sua definição é importante porque aponta formas de solução do problema.

5. É um sistema de classificação para poder pensar o processo de aprendizagem e ter maior efetividade na elaboração dos objetivos, o que auxilia no planejamento do TCC.

Capítulo 5
Questões para revisão

1. c
2. a
3. d
4. Barbetta (2001) cita quatro razões para o uso da amostragem em grandes populações. São elas: economia, tempo, confiabilidade dos dados e operacionalidade. No que se refere a amostragens de maior quantidade, o autor esclarece que "ao tratarmos de um número maior de amostragem, nos referimos à pesquisa quantitativa" (Barbetta, 2001, p. 45). Para esse tipo de pesquisa, deve ser definida uma unidade de amostragem.

5. A pesquisa de métodos mistos combina os métodos quantitativo e qualitativo e tem uma orientação metodológica. Esse tipo de pesquisa integra duas ou mais formas de dados que se relacionam em sequência. Tanto os dados qualitativos quanto os quantitativos têm por base as questões de pesquisa, coleta e análise, de modo persuasivo e rigoroso, e estrutura procedimentos de acordo com visões de mundo teórico-filosóficas.

Capítulo 6
Questões para revisão

1. b
2. d

3. b

4. O(A) estudante deve elaborar um questionário levando em consideração as reflexões realizadas no capítulo, tendo por base seus objetivos de pesquisa.

5. Além de constituírem uma técnica de pesquisa, os grupos focais podem "politizar" questões ao tornarem histórias e expectativas públicas. Além disso, são importantes para os envolvidos discutirem situações comuns e conhecerem perspectivas opostas.

Capítulo 7

Questões para revisão

1. c
2. c
3. e
4. Ao analisar os discursos, essa metodologia pretende apontar o sentido oculto que deve ser captado, o qual, sem uma técnica adequada, permanece obscuro e inatingível.
5. As representações sociais constituem um sistema de pensamentos, crenças e modos de explicar a realidade, os quais pertencem a um grupo de indivíduos que o constroem com base em suas relações sociais, por exemplo: a fala, os costumes e os hábitos. Portanto, se alguma observação escapa da análise do discurso e do conteúdo, poderemos apreendê-la pelas representações sociais.

Sobre os autores

Jussara Marques de Medeiros é assistente social e professora do curso de Serviço Social há 11 anos. É doutoranda em Educação pela Universidade Federal do Paraná (UFPR) e mestre em Tecnologia pela Universidade Tecnológica Federal do Paraná (UTFPR). Orientadora de vários TCCs e monografias de especialização, sua grande paixão é motivar os alunos a participarem de eventos científicos, vendo a pesquisa como uma forma de aprendizado que permite a interlocução teórico-prática e ética da profissão. Foi assistente social no setor público por 17 anos, na Política de Assistência do município de Curitiba, e há 6 anos desempenha essa mesma função na UTFPR. Atua com disciplinas como Planejamento e Avaliação, Ética, Política Social e Trabalho de Conclusão de Curso. Têm publicações com ênfase em política social, gênero e raça.

Valdeslei Sviercoski é graduado em Filosofia e Teologia pelo Instituto de Filosofia e Teologia Mater Eclesiae (Ifiteme), em Ponta Grossa, Paraná. Atualmente, cursa pós-graduação em Filosofia na Faculdade Pe. João Bagozzi – Projeto Sophia do Núcleo de Ciências da Vida e da Sociedade. Realizou estudos com ênfase nos clássicos da filosofia e da literatura brasileira. Sua proximidade com o TCC no Serviço Social iniciou por meio de um trabalho interdisciplinar em uma turma de Serviço Social, onde se propôs a realizar uma discussão sobre filosofia da linguagem. Com base nessa interlocução, ampliou sua discussão sobre ética e linguagem na filosofia para o Serviço Social, trazendo subsídios para a melhoria da relação teórico-prática da profissão.

Os papéis utilizados neste livro, certificados por instituições ambientais competentes, são recicláveis, provenientes de fontes renováveis e, portanto, um meio responsável e natural de informação e conhecimento.

FSC
www.fsc.org
MISTO
Papel produzido
a partir de
fontes responsáveis
FSC® C103535

Impressão: Reproset
Fevereiro/2023